PUERTO RICO
THEN & NOW

PUERTO RICO THEN & NOW

JORGE RIGAU

ThunderBay
P·R·E·S·S

San Diego, California

Thunder Bay Press
An imprint of the Baker & Taylor Publishing Group
10350 Barnes Canyon Road, San Diego, CA 92121
www.thunderbaybooks.com

Produced by Salamander Books,
an imprint of Anova Books Ltd.
10 Southcombe Street, London W14 0RA, UK

"Then and Now" is a registered trademark of Anova Books Ltd.

© 2009 Salamander Books

Library of Congress Cataloging-in-Publication Data

Rigau, Jorge.
  Puerto Rico then and now / Jorge Rigau.
    p. cm.
  Parallel text in English and Spanish.
  ISBN-13: 978-1-59223-941-2
  ISBN-10: 1-59223-941-2
  1. Puerto Rico--Pictorial works. 2. Puerto Rico--History--Pictorial works.
  3. Puerto Rico--Buildings, structures, etc.--Pictorial works. 4. Historic buildings--
  Puerto Rico--Pictorial works. 5. Repeat photography--Puerto Rico. I. Title.

  F1965.3.R54 2009
  972.95--dc22
                        2008049110

Printed in China.

2 3 4 5 13 12 11 10 09

DEDICATION
To José G. Rigau Pérez, my brother. In awe of him, then & now.

ACKNOWLEDGMENTS
Contributors to research and contents: Ramón Arroyo Carrión, Víctor Blay, Richard Carrero, Jorge De
Cardona, José Jiménez Saldaña, José Lorenzo Torres, Marcos Maldonado Rigau, Alex J. Martínez
Betancourt, Luce Meléndez, Eduardo Miranda, Gabriel J. Miranda Delgado, Miguel G. Ortiz Avilés, and
Francisco J. Vélez.
Helping hands at institutions: Maritza Acevedo, Josué Caamaño Dones, René Cabrera La Llave,
María Colón, Jorge A. Figueroa Irizarry, María Dolores Luque de Sánchez, María de Lourdes Rodríguez, and
Gladys Tormes.
Owners of private collections: Jesús E. Amaral, Gloria Arjona and Pablo Muñoz, Humberto Costa,
Sylvia Márquez, Ricardo Medina, Kristine Nuñez Rivera, and Bob Bucher.

PICTURE CREDITS
The publisher wishes to thank the following for kindly supplying the photographs that appear in this book:

"Then" photographs
Sourced by the author:
Álbum de Oro de Puerto Rico, Monteagudo & Escámez (1939), page 58, 86, 136.
Álbum de Puerto Rico, Feliciano Alonso (1904), page 30, 40 (inset).
Architecture in Puerto Rico, José A. Fernández (1965), page 124.
Archivo General de Puerto Rico, Instituto de Cultura Puertorriqueña, page 14, 26, 38, 46, 108, 122, 132.
Archivo Histórico de Mayagüez, page 80.
Centro de Investigaciones Históricas, page 52, 92.
Library of Congress, page 12 (HABS PR,7-SAJU,11-5), 72 (HAER PR, 67-PUNTS,1-3), 72 inset (HAER
PR, 67-PUNTS,1-3), 92 (LC-USZ62-117173).
Museo de la Historia de Ponce, Rodríguez Serra Collection, page 106, 110, 112, 116, 118.
Our Islands and Their People, Joseph Wheeler (1899), page 56, 76.
Private collections: Jesús E. Amaral, page 70; Gloria Arjona, page 98; René Cabrera La Llave, page 78;
Humberto Costa, page 60, 68; Kristine Nuñez Rivera and Bob Bucher, page 22, 50, 102, 120; Sylvia
Márquez, page 88, 90; Ricardo R. Medina, page 32, 48, 66, 94, 96, 128, 140; Jorge Rigau, page 64.
Puerto Rico de Hoy, González Ruiz (1956), page 134.
Puerto Rico Ilustrado (1917, Vol. 1), page 42.
Puerto Rico: Its Conditions and Possibilities, William Dinwiddie (1899), page 130.
San Juan National Historic Site, National Park Service, page 6, 8 (inset), 10, 16, 18, 24.
Universidad de Puerto Rico, Recinto de Río Piedras, Colección de Fotografías del Periódico *El Mundo*,
page 20, 28, 36, 44, 54, 104, 138, 142.
San Juan Star, page 114.

Sourced by the publisher:
Many of the 1940s and 1950s color images of Puerto Rico can be viewed on Tom Lehman's Flickr.com
gallery. http://flickr.com/photos/tlehman/
Page 8, Gerald Wilson, No.13,350; Page 34, John Driver, No.18,372; Page 40, Clayton Gingerich,
No.2445; Page 74, Clayton Gingerich, No.10,115; Page 100, Caleb Frantz, No.18,372; Page 126, John
Driver, No.216.

"Now" photographs:
All "Now" images were taken by Frank Hopkinson (© Anova Image Library) except for the following:
Page 35, Jose Oquendo (inset courtesy El Convento Hotel, San Juan); page 63, Jorge Rigau; page 67,
Jorge F. De Cardona Juliá; page 71, Gabriel J. Miranda Delgado (inset courtesy Marcos Maldonado Rigau);
page 125, Puerto Rico News Service; page 143, Corbis.

Anova Books is committed to respecting the intellectual property rights of others. We have therefore taken
all reasonable efforts to ensure that the reproduction of all content on these pages is done with the full
consent of copyright owners. If you are aware of any unintentional omissions, please contact the company
directly so that any necessary corrections may be made for future editions.

INTRODUCTION

Numerous pre-Columbian tribes eked an existence around the waters of the island of *Borikén* (Puerto Rico). The construction practices of the Taíno indians, who relied on the use of wood and palm fronds, left little to posterity, although handsome petroglyphs—designs carved into stone—attest to their rich and varied culture.

Christopher Columbus arrived in November 1493 and named the island San Juan Bautista (St. John the Baptist), but over time and through usage, the island became known as Puerto Rico, meaning "rich port," while the main port became known as San Juan. From the moment of their arrival, the Spaniards forced the island's native men and women to comply with their greed for gold. In little time, the aboriginal Taíno population was decimated.

As the colony began to thrive, European rivals sought to wrest Puerto Rico from Spanish control. Raids on San Juan by the English (1598) and the Dutch (1625) forced Spain to strengthen its possession with more substantial fortifications at La Fortaleza, San Felipe del Morro (also called "El Morro"), and San Cristóbal.

In time, settlements sprang up beyond San Juan. Plazas highlighted each town's urban character. Originally open spaces of tamped earth from which streets branched out, they were later paved in their entirety and subsequently landscaped. In a typical plaza, the church claimed one end, city hall the other.

By the nineteenth century, commercial activity had moved from the market at the center of town to the ports in Ponce, Mayagüez, and Aguadilla. Spanish architectural styles had been imitated in the early 1800s, but the capital of France became the paragon for the architecture that prevailed in the second half of the century. The sparse private dwellings built in the early days of colonization gave way to eclectic residences commissioned by the growing bourgeoisie. Many of these remain in the southwest, in Ponce Mayagüez and San Germán.

Spain focused on trade, political control, and land exploitation, building an impressive system of lighthouses along the coastline, but did little to provide education in its colonies. After the Spanish-American War of 1898, the United States—for the general welfare, but also for political reasons—funded hospitals and schools. Universities made their presence felt much later, as the twentieth century dawned. "Americanization" changed expectations: brand-new venues for sports, music, fashion and, of course, architecture, led to an unforeseen cultural makeover heralded by varied expressions of the Spanish Revival style and Art Deco.

After World War II, Puerto Rico experienced a vital transformation. In 1952 the former territory became a commonwealth of the United States under the leadership of Luis Muñoz Marín, whose administration acknowledged the modern movement's renewed stylistic expression as befitting to a young, "new" country committed to progress.

By the late 1950s, the threat of suburbanization fueled an interest in protecting the Spanish colonial legacy from decay and destruction. In a pioneer effort, the government implemented a program of tax exemptions and incentives to stimulate residential and commercial investment in Old San Juan. To this day, the city's rebirth still inspires urban centers around Latin America to emulate Puerto Rico's most cherished preservation model.

Nothing has impacted contemporary urban life in Puerto Rico more than the automobile. The number of cars and highways per person and per square mile surpasses that of most countries, including the United States. Environmental concerns have now increased awareness of the need to preserve the island's green areas and ensure their enjoyment by pedestrians and future generations.

During the mid-twentieth century, sociologists were prone to raise their voice of concern—often with anger—at Puerto Rico's inevitable assimilation into North American culture. Nowadays, cultural analysts highlight that in spite of all influences, the island's Latin American roots continue to firmly anchor Puerto Rico as a country in its own right.

Diferentes tribus precolombinas se desarrollaron, literalmente, contra viento y marea en las aguas de la isla de Borikén (Puerto Rico). Las técnicas de construcción de los indios taínos (basadas en la madera y hojas de palma) imposibilitaron un legado arquitectónico permanente. La riqueza y diversidad cultural de la población indígena se hace evidente en los petroglifos, reliquias arqueológicas con diseños tallados en roca.

Cristóbal Colón llegó a la isla en noviembre de 1493 y la nombró San Juan Bautista, pero con el pasar del tiempo la isla se conoció como Puerto Rico y su puerto principal como San Juan. Desde su llegada, los españoles obligaron a los indígenas a saciar sus ansias de oro y, en poco tiempo, la población aborigen fue diezmada.

A medida que prosperaba la colonia, los rivales europeos de España se empeñaban en arrebatarle la isla. Los ingleses (en 1598) y los holandeses (en 1625) atacaron San Juan y obligaron a España a mejorar sus defensas mediante fortificaciones de mayor envergadura en La Fortaleza, San Felipe del Morro "El Morro" y San Cristóbal.

Posteriormente, florecieron los asentamientos fuera de San Juan. En las plazas se destacaba la personalidad urbana de cada ciudad; en un principio fueron espacios abiertos de tierra apisonada desde los cuales nacían las calles, pero eventualmente se pavimentaron por completo e incorporaron elementos paisajistas. La plaza típica tenía la iglesia en un extremo y la casa municipal en el otro.

Llegado el siglo XIX, la actividad comercial se había trasladado desde los mercados en los centros de las ciudades hacia puertos como Ponce, Mayagüez y Aguadilla. A principios del siglo XIX se solía imitar los estilos arquitectónicos de España pero, en la segunda mitad del siglo, la capital francesa dictó las pautas a seguir.

Las viviendas privadas dispersas que se construyeron en los inicios de la colonización dieron paso a una serie de residencias eclécticas cuya construcción era el reflejo de una pujante burguesía. Muchas de éstas aún siguen en pie en el suroeste de la isla, en Ponce, Mayagüez y San Germán.

Los españoles concentraron sus esfuerzos en el comercio, el control político y la explotación de la tierra. Construyeron un impresionante sistema de faros a lo largo de la costa, sin embargo, hicieron poco por la educación en sus colonias. Después de la Guerra Hispanoamericana de 1898, Estados Unidos edificó hospitales y escuelas, no sólo para el bienestar general, sino también por motivos políticos. Las universidades aparecieron mucho más tarde, en el umbral del siglo XX.

El llamado proceso de "americanización" cambió las expectativas en lo que se refiere a los deportes, la música, la moda y, por supuesto, la arquitectura; ello condujo a una renovación cultural amplia, presagiada por expresiones variadas en los estilos Revival Español y Art Deco.

Puerto Rico vivió transformaciones cruciales después de la Segunda Guerra Mundial. En 1952, el antiguo territorio se convirtió en un estado libre asociado de Estados Unidos bajo el liderazgo de Luis Muñoz Marín, cuya administración aceptó la expresión estilística del Movimiento Moderno como imagen adecuada para un país joven y "nuevo" comprometido con el progreso.

Para finales de los años 1950, la amenaza de la suburbanización alimentó el interés de proteger el legado colonial español del deterioro y la destrucción. El gobierno instrumentó un programa pionero de exenciones e incentivos fiscales para estimular la inversión residencial y comercial en el Viejo San Juan. Hasta el día de hoy, el renacimiento de la ciudad sigue siendo fuente de inspiración para otros centros urbanos de América Latina que desean imitar este ejemplo de conservación al que tanto estima tienen los puertorriqueños.

Nada ha impactado más la vida urbana contemporánea de Puerto Rico que el automóvil. El número de vehículos y autopistas por habitante y área supera el de muchos países, incluido Estados Unidos. Las preocupaciones medioambientales han acentuado la conciencia sobre la necesidad de conservar las áreas verdes de la isla y garantizar su disfrute por parte de los peatones y generaciones futuras.

A mediados del siglo XX, era común el reclamo de sociólogos preocupados – algunos enfurecidos por el inevitable proceso de asimilación de la isla a la cultura estadounidense. Hoy en día, los analistas culturales destacan que, a pesar de todas las influencias, las raíces latinoamericanas de la isla siguen afianzando a Puerto Rico como un país por derecho propio.

From the sixteenth to the eighteenth century, El Morro Castle guarded the entrance to San Juan Bay, dissuading invaders from France, England, and Holland who were determined to overthrow the power of the Spanish Crown in the Caribbean. In its inner courtyard, a chapel granted soldiers an opportunity to pray before battle. After its last battle during the Spanish-American War in 1898, the fort became a U.S. Army outpost and was used mainly for administrative offices. During World War II, the fort regained its importance as a watchtower, becoming an artillery platform run by soldiers and navy personnel, as seen here.

El Fuerte del Morro vigilaba la entrada a la Bahía de San Juan entre los siglos XVI al XVIII y disuadía la invasión de franceses, ingleses, y holandeses que pretendían derrocar a la Corona Española en el Mar Caribe. En su patio interior, se encontraba una capilla a la que acudían los soldados a orar antes de empezar el combate. Después de su última batalla durante la Guerra Hispanoamericana en 1898, se convirtió en una base militar del ejército estadounidense y muchos de sus espacios se transformaron en oficinas administrativas. Durante la Segunda Guerra Mundial, El Morro recobró su importancia como atalaya y plataforma de artillería controlada por el personal militar y naval, como se observa aquí.

From the 1500s to the 1800s, soldiers may have rushed to the fort's chapel before warfare, but in recent years visitors and tourists have flooded El Morro for more leisurely purposes. The fort's many Baroque style details—deep cornices, broken pediments, finials, and curved moldings—contrast dramatically with its spartan military surfaces. Now operated by the National Park Service, the castle became a San Juan National Historic Site in 1949 and was included in UNESCO's list of World Heritage Sites in 1983. Ongoing preservation efforts have included research, experimentation, and application of the original building techniques to restore the structure.

Si bien entre los siglos XVI a XIX, los soldados se apresuraban para visitar la capilla antes de empezar la batalla, hoy en día los visitantes y turistas que acuden a El Morro buscan esparcimiento. Los diversos detalles barrocos que decoran la fortaleza (cornisas profundas, frontispicios interrumpidos, remates y molduras curvas) contrastan dramáticamente con sus espacios militares sobrios. El castillo lo opera el Servicio Nacional de Parques y fue integrado como Sitio Histórico Nacional de San Juan en 1949 y nombrado Patrimonio Histórico de la Humanidad por la UNESCO en 1983. Entre las labores continuadas para preservarlo se incluyen la investigación, experimentación y aplicación de las técnicas de construcción originales a fin de restaurar su estructura.

Seen here in the early 1950s before the growth of automobile tourism, the pine alley linked the fort of El Morro with the old city. It was originally laid out in the 1930s to culminate at the fort's main entrance—though the inset view looks the other way, toward the old city—becoming a parking spot for visitors until the 1980s. The lone monument, glimpsed through the trees, was erected in 1861 as a memorial to the city's defenders during the Dutch attack of 1625.

Una avenida de pinos, vista aquí a principios de la década 1950 antes del auge de la industria automotriz, unía El Morro con el Viejo San Juan. Se construyó originalmente en los años 1930 para culminar en la entrada principal del fuerte, si bien el ángulo que se ilustra en el recuadro mira en sentido contrario hacia la ciudad. Fue utilizado como lugar de estacionamiento para los visitantes hasta la década de 1980. El monumento solitario que puede atisbarse a través de los árboles a la derecha, se erigió en 1861 para conmemorar a los defensores de la ciudad durante el ataque de las fuerzas holandesas en 1625.

En 1992, para conmemorar los 500 años de la llegada de Colón a las Américas, se cortó el paseo arbolado que durante décadas había precedido la llegada de quienes visitaban El Morro. Los conservacionistas argumentaron que se hacía honor a la historia al abrir nuevamente este espacio. Los usuarios replicaron que era conveniente preservar la sombra. La tala de los árboles ofreció una mejor vista del Cuartel de Ballajá, de tres pisos de alto a la izquierda de la calle, así como del antiguo asilo mental (con sus arcos y una cúpula), que ahora funge como la Escuela de Artes Visuales, a la derecha.

In 1992, to commemorate 500 years since Columbus's arrival in the Americas, the shaded alley that for decades preceded everyone's arrival to El Morro was cut down. Preservationists argued that history was being well served by returning the original open character to the space. Users argued to keep the shade. The loss of the trees gave better views of the Cuartel de Ballajá, three stories high and to the left of the road, and the former mental asylum (with arches and a dome), now the School of Visual Arts, to the right. This picture is a match to the inset photo.

The Spanish empire spent more than 200 years—from 1634 to the mid-nineteenth century—fortifying San Juan Islet (what today is Old San Juan). The Spanish decked its stone walls with sentry boxes where the guard inside could get a good view of both the ocean and the defenses through loophole windows, or *garitas*. The windows were located where two walls met and, as such, were considered a key feature for visual control in fortifications. By the late 1940s, the U.S. government repaired these key features of San Juan's extended wall system, as witnessed in the photo.

El imperio español dedicó más de 200 años—entre 1634 y mediados del siglo XIX—a la fortificación del isleta de San Juan (lo que hoy se conoce como el Viejo San Juan). Los españoles construyeron garitas en las murallas porque ofrecían un excelente punto de vista desde el cual los centinelas podían vigilar tanto el mar como las defensas a través de aspilleras. Estas garitas se situaban en los vértices entre dos paredes y, como tal, se consideraban un elemento crucial para garantizar el control visual de las fortificaciones. Hacia finales de la década de 1940, el gobierno de Estados Unidos reparó estos elementos clave del sistema amurallado de San Juan, como puede apreciarse en esta imagen.

Old Hispanic sentry boxes have become icons of Caribbean tourism in Havana, Santo Domingo, Portobelo (Panama), Veracruz (Mexico), and Cartagena de Indias (Colombia), among other neighboring locations. For Puerto Ricans in particular, garitas have always summed up the best of Old San Juan. Authors, artisans, painters, photographers, and souvenir makers have all acknowledged this architectural element's capacity to summarize not just the island's heritage but its inhabitants' will to defend it. The U.S. National Park Service looks after the old city's sentry boxes. Just visible in the distance to the left is the El Cañuelo fort.

Estas viejas garitas hispánicas se han convertido en íconos del turismo caribeño en La Habana, Santo Domingo, Portobelo (Panamá), Veracruz (México) y Cartagena de Indias (Colombia), entre otros lugares de la región. Para los puertorriqueños en particular, las garitas siempre han sintetizado lo mejor que ofrece el Viejo San Juan. Escritores, artesanos, pintores, fotógrafos, y fabricantes de recuerdos típicos coinciden en que este rasgo arquitectónico no es sólo un aspecto emblemático del patrimonio de la isla, sino que también representa la voluntad de sus habitantes para defenderla. El Servicio Naciónal de Parques de Estados Unidos tiene bajo su responsabilidad el mantenimiento y cuidado de las garitas de la vieja ciudad. A la izquierda, en el horizonte, apenas puede vislumbrarse el fuerte El Cañuelo.

West of El Morro stands El Cañuelo, a small fort built during the sixteenth century and photographed here in 1909. Ships avoiding cannonballs from El Morro would be threatened by crossfire from the opposite side at El Cañuelo, challenging the entrance of any unwelcome visitor. At one time, an enormous chain was kept ready to be stretched between El Cañuelo and El Morro to physically barricade the entrance. The Dutch burned down the fort in 1625 and the Spaniards rebuilt it in masonry between 1660 and 1670.

Al oeste de El Morro se sitúa El Cañuelo, una pequeña fortificación de madera construida durante el siglo XVI y que aparece aquí en una foto de 1909. Los navíos que evitaban los cañonazos disparados desde El Morro sufrían la amenaza del fuego cruzado procedente de El Cañuelo, un desafío para cualquier invasor. En un momento dado, existió una enorme cadena que se podía extender entre El Cañuelo y El Morro como barrera física para impedir la entrada al canal. Los holandeses quemaron el fuerte en 1625 y los españoles lo reconstruyeron en piedra entre 1660 y 1670.

El Cañuelo ha dejado de "flotar" en la Bahía de San Juan y ahora puede llegarse a él por una carretera elevada construida en los años 1930 para acceder a la Isla de Cabras, desde donde se disfruta de una vista espectacular del casco histórico. El Fuerte del Cañuelo, el componente más pequeño del sistema de defensas del puerto, no sólo permitía proteger la ciudad, sino también la desembocadura del Río Bayamón, vía fluvial importante para el transporte de provisiones procedentes del interior.

No longer "floating" in San Juan Bay, El Cañuelo can now be reached by a causeway built in the 1930s to access Goats' Island, which lies to the west. Visitors can enjoy a beach with recreational facilities and a spectacular view of the old city, more dramatic at dusk when the sun hits it. El Cañuelo, the smallest component of the harbor defense system, watched not only the city but also the Bayamón River as it reached the sea, as it was an important passageway for supplies coming from inland.

Top: At the time of this 1923 photo, the grounds of El Morro were tamed by ornamental shrubbery, trees planted at regular intervals, and recurrent road stumps. Casa Rosa (left), built in 1812 as barracks for the Spanish militia, displays a Stick-style porch. Palms at Casa Blanca rise high, allowing a view of the structure's west elevation. The lighthouse in the old city is barely visible above the Gate of San Juan (right, at sea level). La Fortaleza's towers and later additions crown the walls before these turn inward to the bay.

Arriba: En esta imagen de 1923, los terrenos de El Morro aparecen domesticados por arbustos ornamentales; árboles sembrados a intervalos regulares y "mojones" recurrentes. La Casa Rosa (a la izquierda) con su porche al estilo Stick, fue construida en 1812 como barraca para los soldados españoles. Las palmeras de la Casa Blanca se elevan y permiten atisbar la elevación de la estructura hacia el oeste. El faro del Viejo San Juan apenas puede verse encima de la Puerta de San Juan. Las torres originales de La Fortaleza y sus adiciones posteriores coronan las paredes antes de perderse de vista hacia la bahía.

Abajo: A principios de los años 1980, el Colegio de Arquitectos de Puerto Rico tenía su sede en la Casa Rosa. Este grupo de profesionales contribuyó a la conservación del antiguo cuartel y sus terrenos. Más adelante, el edificio se usó como un centro de cuidado diurno para los hijos de los empleados que trabajaban en las oficinas gubernamentales cercanas. Si bien la Casa Rosa es más visible, hoy en día la Casa Blanca descansa detrás de árboles en plena madurez. La Puerta de San Juan es un lugar muy concurrido ya que une con un camino peatonal que llega hasta El Morro.

Bottom: During the early 1980s, the Puerto Rico Architects' Association was located at Casa Rosa. The professional group contributed to the preservation of the former guardhouse and its grounds. Later, it was used as a day-care center for children of employees working at governmental offices nearby. While Casa Rosa is more visible, today Casa Blanca lies hidden behind trees now mature. And the Gate of San Juan is highly frequented, as it connects to a pedestrian walkway leading to El Morro.

In the early twentieth century, El Morro and its surroundings became the U.S. Army post Fort Brooke. Open areas outside the walls were used for recreational facilities and included an officers' club, a baseball field, a golf course, and a swimming pool that was built in 1931. Two of the old city's most important structures flank the grounds: the Santo Domingo Convent (in the background, at center), and the Cuartel de Ballajá (to the right). The former dates from the 1500s; the latter was built between 1854 and 1864.

A principios del siglo XX, El Morro y sus zonas aledañas conformaron lo que entonces fue la base militar estadounidense Fort Brooke. Entre las áreas extramuros que se aprovecharon con fines recreacionales se incluían: un club de oficiales, un diamante de béisbol, un campo de golf y una piscina, construida en 1931. Dos de las estructuras más importantes de la vieja ciudad se sitúan a los costados de estos terrenos: El convento de Santo Domingo (al fondo, en el centro) y el Cuartel de Ballajá (a la derecha). El primero data de los años 1500; mientras que el segundo se construyó entre 1854 y 1864.

Muy pocas personas saben que existe una piscina debajo de los terrenos de El Morro. El Convento de Santo Domingo ahora alberga la sede de la Galería de Arte Nacional de Puerto Rico. Originalmente, el cuartel lo ocupaban unidades de infantería de Estados Unidos así como un hospital militar, pero fue restaurado en 1992. Ahora funciona como un centro cultural donde se presentan exposiciones y espectáculos al aire libre. Las investigaciones arqueológicas más recientes en Ballajá han desenterrado restos humanos que datan de unos 2,000 años.

Most people are unaware that a swimming pool lies under the grass of El Morro's lawns. The Santo Domingo Convent now houses Puerto Rico's National Art Gallery. Behind it, the Baroque profile of San José Church emerges. After housing U.S. infantry units and an army hospital, the barracks were restored in 1992. It is now a cultural center, featuring exhibitions and open-air performances. Recent archaeological investigations in the area have uncovered remains of human occupation dating back 2,000 years.

In the 1950s, during the U.S. Army's occupation of El Morro and its grounds, an outdoor movie amphitheater was set up for soldiers stationed in San Juan. Apart from the screen, soldiers got a good view of the ocean, the defensive walls stretching back to El Morro, the cemetery below, and the lighthouse beaming intermittently across the sky. The U.S. Navy built the beacon in 1908 on a location where Spaniards had previously installed one in 1843.

En la década de 1950, cuando el Ejército de Estados Unidos ocupó El Morro, se construyó un anfiteatro para cine al aire libre para los soldados en San Juan. Además de la pantalla, los soldados también gozaban de una excelente vista al mar, así como a las murallas de defensa que llegaban hasta El Morro, el cementerio más abajo y el faro que brillaba intermitentemente en el horizonte. La Marina estadounidense construyó el faro en 1908, en el mismo lugar donde los españoles habían construido uno antes en 1843.

No queda rastro alguno de la antigua pantalla de proyección, ni del escenario, los asientos o las gradas, que desaparecieron en 1970. En su lugar, se ha abierto un panorama sobrecogedor al que hoy en día acuden los entusiastas de cometas que aprovechan al máximo la potencia predecible de los vientos. El cementerio a la derecha sigue funcionando hoy. Se había construido originalmente al lado de la catedral dentro de la ciudad, pero fue trasladado fuera de la urbe amurallada en 1863 por razones de higiene.

There is no trace left of the former projection screen, the stage platform, or the seats and bleachers, which were all gone by 1970. In their place, a breathtaking panorama has opened up, enlivened by kite flyers who take advantage of predictable brisk winds. The cemetery to the right is still used today. It was originally laid out next to the cathedral inside the city, but was relocated outside the walls in 1863 for reasons of hygiene.

By the mid-nineteenth century, many European cities had demolished their defensive walls to accommodate urban growth and expansion. Improved technology had made many fortifications obsolete. In San Juan, the decision was delayed until 1897, when the city opened up. The Gate of Santiago—already the city's main entrance since 1678, and whose doors were closed every night—was finally demolished. Ironically, several months later, the Spanish-American War exploded.

Para mediados del siglo XIX, muchas ciudades europeas habían echado abajo sus murallas defensivas para permitir la expansión y el crecimiento urbano. Los avances tecnológicos habían convertido en obsoletas las estructuras fortificadas. En el caso de San Juan, la decisión de abrir la ciudad se demoró hasta 1897. La Puerta de Santiago—que había sido la entrada principal de la ciudad desde 1678 y cuyos portones se cerraban todas las noches—finalmente fue demolida. Lo irónico, fue que, siete meses después, estalló la Guerra Hispanoamericana.

Los visitantes que se acercan al Viejo San Juan hoy día encuentran escasos vestigios de la imponente muralla que recorría el lado oriental de la ciudad. Para quienes llegan en automóvil, esta vista constituye su primer encuentro con el casco histórico, sus espacios abiertos y su arquitectura singular. El punto marca "el kilómetro 0" desde el cual se midieron originalmente las distancias de las carreteras principales que recorren el resto de la isla. Para evitar los embotellamientos los fines de semana, muchas noches se "cierra" el acceso automotor a este punto.

Visitors approaching Old San Juan today find little trace of the imposing wall that once ran along its eastern side. For those arriving by automobile, this view constitutes their first encounter with the historic settlement, its open spaces, and its distinctive architecture. The spot marks "Kilometer 0," the location from where distances for main roads reaching the rest of the island were originally measured. On many weekend nights, the city is closed to cars at this point in order to prevent overcrowding.

In the late nineteenth century, an opening within the fortifications constituted the "official" connection between the city above and a squatters' settlement below. This exit originally allowed the inhabitants of San Juan to reach the slaughterhouse near the ocean below, as hygiene laws required that it be located beyond the ramparts. Peasants and workers eventually built houses here and their neighborhood, La Perla (the Pearl), grew into an agglomeration of wooden shacks—Puerto Rico's first shantytown.

Al final del siglo XIX, una abertura en la muralla se convirtió en el punto de conexión "oficial" entre la ciudad arriba y un asentamiento humilde abajo. Esta salida permitía a los sanjuaneros llegar al matadero cerca del mar, toda vez que las normas sanitarias exigían que éste estuviese fuera de la ciudad amurallada. Los campesinos y jornaleros finalmente construyeron casas en este lugar y su barrio, La Perla, creció como una aglomeración de casuchas de madera que conformaría el primer barrio pobre de Puerto Rico.

La ciudad y su vecino a los pies siempre han coexistido bajo tensión, sospechosos el uno del otro. Uno se mantiene como sede de la autoridad oficial y el otro se ha desarrollado como una comunidad sólida, aunque debilitada por el tráfico de drogas y otras actividades ilícitas. Como tal, la entrada a La Perla suele estar vigilada por residentes firmes en impedir el acceso de turistas con cámaras, mientras también se mantienen atentos a cualquier oportunidad para el trasiego de drogas.

The city and its low-lying neighbor have always coexisted in tension, suspicious of one another. One remains the seat of official authority; the other has developed into a solid community, weakened by drug traffic and illegal activities. As such, the entrance to La Perla is now watched over by groups of locals keen to keep camera-toting tourists out, while also remaining on the lookout for any drug deals that might come their way.

From the upper ramparts of Fort San Cristóbal, the compact housing fabric of Old San Juan stretches to El Morro. For centuries, only one-story structures were built on the islet for defensive reasons. Over the years, more floors have been added to make the most of tight building lots. Small patios allow for light and ventilation, and sanjuaneros can catch the breeze on flat, brick-tiled roofs called *azoteas*. These also serve to collect rainwater that is channeled to underground cisterns.

Desde el terraplén más alto del Fuerte San Cristóbal, la red compacta de viviendas del Viejo San Juan se extiende hasta El Morro. Durante varios siglos y por razones de seguridad, solamente se construían estructuras de un solo piso en el isleta. Con el pasar de los años, se han ido sumando nuevos pisos para sacar provecho máximo a los lotes estrechos. En estas construcciones, pequeños patios permiten la entrada de luz y ventilación, mientras los sanjuaneros aprovechan sus azoteas en ladrillo para disfrutar de la brisa. Estos techos recogen la lluvia y se almacena en cisternas subterráneas.

Desde el Fuerte San Cristóbal—la fortificación española más grande del Nuevo Mundo—se puede ver la Calle Norzagaray y el "Barrio de las Flores," un distrito residencial conocido anteriormente como "Culo Prieto" (en referencia a los antiguos esclavos que lo habitaban). Aunque se levantaron pocos edificios altos en San Juan antes de que la ciudad ganara reconocimiento por su acervo histórico, muchas estructuras bajas han incorporado miradores que permiten disfrutar la vista al mar.

Fort San Cristóbal—the largest Spanish fortification in the New World—overlooks Calle Norzagaray and Barrio de las Flores, a residential district formerly known as Culo Prieto (in reference to its slave inhabitants). Air-conditioning units and water heaters have found a home in the upper levels of most structures within the old city. Although few tall buildings were erected in San Juan before its historic fabric was acknowledged, lower ones have added *miradores*, or roof porches, to enjoy the neighboring ocean.

Top: The ramparts of Fort San Cristóbal provide an all-encompassing view of San Juan, seen here in the 1930s. The Puerto Rico Line and the Bull Insular Line—whose steamships connected Puerto Rico with the world—advertise at the piers. Wharf buildings and railroad lines intertwine. The train station tower, however, stands out. The 1908 José Julián Acosta School (in Mission style), the 1913 Casino de Puerto Rico (with a mansard roof), and the 1830 Teatro Tapia (sporting a gabled roof) are all visible.

Arriba: Desde las murallas del Fuerte San Cristóbal se aprecia una vista que abarca la totalidad de San Juan, como se ilustra en esta imagen de la década de 1930. Las compañías Puerto Rico Line y Bull Insular Line—cuyos buques a vapor conectaban a Puerto Rico con el resto del mundo—anuncian sus servicios en los muelles. Los edificios portuarios y las líneas de ferrocarril se entrecruzan. Asimismo, se pueden ver la Escuela José Julián Acosta (en estilo de misión española, 1908), el Casino de Puerto Rico (con su techo convexo en mansarda, 1913) y el Teatro Tapia (con sus cubiertas inclinadas, 1830).

Abajo: En la ciudad han proliferado árboles, vivienda y estacionamientos. Las dos torres color ocre del edificio Capitol Plaza (2005) se elevan detrás del estacionamiento del Departamento de Hacienda (1969). La antigua estación de tren ha dado paso a un estacionamiento y garaje de autobuses (1984) construido por la municipalidad. Al oeste se encuentra el Condominio Reina de Castilla (1995). Más allá de éstos se distinguen dos estructuras postmodernas, una junto a la otra: el antiguo Hotel Marriot (ahora Sheraton) y la Galería Paseo Portuario.

Bottom: Trees, housing, and parking spaces have proliferated in the city. The two ocher-colored towers of the 2005 Capitol Plaza rise behind the parking garage of the 1969 Treasury Department building. Where the railroad station once sat, the municipality built a bus and parking garage in 1984. West of it stands the 1995 Condominio Reina de Castilla. Behind these buildings, two postmodern structures adjoin each other: the Sheraton Hotel (formerly the Marriott) and the Galería Paseo Portuario.

La Fortaleza was originally built as a fortress in 1533. Early settlers of San Juan sought refuge in the fort, which was partially destroyed by the Dutch in 1625. In 1846 it was refashioned into a palace in the neoclassical style. Spanish and American governors, as well as the first Puerto Rican elected to hold office, Luis Muñoz Marín, have lived here. La Fortaleza is the oldest executive mansion in continuous use in the Western Hemisphere. It is shown here in the mid-1950s.

La Fortaleza se construyó originalmente como un fuerte en 1533. Los primeros habitantes de San Juan buscaron refugio en la fortificación, que fue parcialmente destruida por los holandeses en 1625. En 1846 fue remodelada como un palacio de estilo neoclásico. Esta residencia, aquí en una imagen de mediados de la década de 1950, ha sido el hogar de gobernadores españoles y norteamericanos, así como de Luis Muñoz Marín, el primer gobernador puertorriqueño electo. Se trata de la mansión ejecutiva más antigua de uso continuo en todo el hemisferio occidental.

La Fortaleza ha albergado a invitados de gran importancia como Nelson Rockefeller, John F. Kennedy y su esposa Jacqueline. La residencia incorpora, dentro de su perímetro, un patio de tres pisos a cuyos costados se encuentran dos torres, una majestuosa escalera, galerías con archos y ventanas tipo persiana con cristales de vidrios multicolores. La bahía adyacente puede apreciarse desde diversos balcones, terrazas escalonadas y jardines. La estructura fue declarado Patrimonio Histórico de la Humanidad por la UNESCO en 1984.

La Fortaleza has hosted important guests such as Nelson Rockefeller, John F. Kennedy, and his wife Jacqueline. Affairs of state are held here, as well as public events. Within its perimeter, the residence incorporates a three-story courtyard flanked by two towers, a sumptuous stairway, arched galleries, and louvered windows with multicolor glass panes. Multiple balconies, stepped terraces, and garden areas overlook the bay. It was declared a UNESCO World Heritage Site in 1984.

Casa Blanca (the White House) was built in 1521 over an old stone quarry, from which material was excavated to build structures elsewhere in the city. For more than 250 years it housed the family of Spanish conqueror Juan Ponce de León (1460–1521). Famous for searching for the mythological fountain of youth, Ponce de León was the first governor of Puerto Rico and discoverer of Florida. In 1779 Casa Blanca was taken over by Spanish military engineers. From 1898 to 1966, the U.S. Army lodged its commanders here.

Casa Blanca fue construida en 1521 encima de una cantera que surtía de piedra a otras construcciones de la ciudad. Durante más de 250 años fue el hogar de la familia del conquistador español Ponce de León (1460–1521). Famoso por su búsqueda incesante de la mitológica Fuente de la Juventud, Ponce de León fue el primer gobernador de Puerto Rico y descubridor de la Florida. En 1779 los ingenieros militares españoles tomaron el control de la Casa Blanca y, entre 1898 y 1966, el Ejército de EE.UU. hospedó a sus comandantes allí.

Casa Blanca es la residencia más antigua de San Juan aún en pie; hoy sobrevive entre un laberinto de jardines, áreas verdes y fuentes bien conservadas. En 1968, bajo el auspicio del Instituto de Cultura Puertorriqueña—principal organismo dedicado a salvaguardar el patrimonio arquitectónico de la isla—la antes residencia se convirtió en un museo dedicado a representar el estilo de vida de las familias en los siglos XVI y XVII. Casa Blanca funge como sede de diversos eventos sociales y culturales.

The oldest house standing in Old San Juan, Casa Blanca has survived amid a beautifully kept labyrinth of garden greenery and fountains. In 1968, under the aegis of the Puerto Rican Institute of Culture—the leading protector of the island's architectural heritage—the former residence became a museum dedicated to the portrayal of sixteenth- and seventeenth-century family life. Social and cultural events are often held at Casa Blanca.

Colonial Bank

By 1900, banking institutions had moved into Puerto Rico. Most of them, like the American Colonial Bank, chose to locate close to the harbor. At that time, the port was the hub of economic activity. Sugar and coffee crops depended on efficient export systems; merchants brought in imported products whose demand had increased. Lending and spending became the norm. A trolley was already running, connecting Old San Juan, its wharves, and the banking district with the island's first suburbs, Santurce and Miramar.

A principios del siglo XX, varias instituciones bancarias abrieron oficinas en Puerto Rico. La mayoría de ellas, como el American Colonial Bank, eligieron las zonas aledañas al puerto para establecer su sede. Las cosechas de azúcar y café dependían de la eficiencia de los sistemas de exportación; los comerciantes importaban productos cuya demanda había aumentado y la concesión de préstamos y el gasto se convirtieron en prácticas habituales. Ya operaba un tranvía que conectaba el Viejo San Juan, sus muelles y el distrito bancario con los primeros suburbios de la isla, Santurce y Miramar.

El Banco Colonial ha desaparecido; un restaurante español ocupa su primera planta enmarcada por columnas, mientras que los niveles superiores albergan una serie de oficinas. Sólo el Banco Popular de Puerto Rico permanece en la zona portuaria, cuyo edificio a la izquierda se abre hacia una plaza arbolada que frecuentan los turistas. El Banco Popular ha hecho campaña a favor de la reintroducción del sistema de tranvías como una solución a los problemas de congestión y contaminación dentro de la vieja ciudad.

The Colonial Bank no longer exists. A Spanish restaurant occupies its arcaded lower floor; the upper level houses offices. One bank has remained in the harbor area: Banco Popular de Puerto Rico, whose building, seen here at left, faces an outdoor plaza with trees—a popular tourist site. Cars are plentiful and parking is scarce; new garage buildings (visible in the background) now rise to eight floors. Banco Popular has campaigned for the return of a tram system as a solution to traffic congestion and pollution within the old city.

This late 1940s photo shows Caleta de las Monjas at the junction of Calle Clara Lair. Further up the street lies San Juan Cathedral, dedicated to San Juan Bautista. Construction began on the site in 1521. After the original wooden structure was devastated in a hurricane of 1526, a replacement in stone was commissioned. Across the street from the cathedral, a Carmelite convent was founded by King Philip IV of Spain in 1646. The colony's first bishop was Alonso Manso, who arrived in 1513. The remains of Ponce de Leon, who became the colony's first governor in 1508, were eventually entombed in the cathedral in 1913.

Esta foto de finales de los años 1940 muestra la Caleta de las Monjas en el cruce con la calle Clara Lair. Más arriba se encuentra la Catedral de San Juan dedicada a San Juan Bautista. Su construcción se inició en este lugar en 1521, pero en 1526 un huracán destruyó la estructura original de madera, por lo que se encargó su reconstrucción en piedra. Al otro lado de la calle se encuentra el Convento de Las Carmelitas, fundado por Felipe IV de España en 1646. Alonso Manso fue el primer obispo de la colonia y en 1508 Ponce de León fue nombrado su primer gobernador; sus restos finalmente fueron trasladados a la catedral en 1913.

Hoy en día, la catedral es una atracción turística muy popular entre los visitantes que desembarcan de los cruceros en la vieja ciudad, y el convento al otro lado de la calle se ha transformado en un exclusivo hotel. En 1903 el arzobispo de San Juan cerró el convento y desde entonces ha funcionado como una tienda, un salón de baile y un albergue de indigentes. Robert Frederic Woolworth, heredero del imperio Woolworth, lo adquirió y convirtió en un hotel de lujo llamado El Convento, que operó entre 1959 y 1962. Sus huéspedes pasados incluyen Rita Hayworth y Ethel Merman.

Today the cathedral is a popular stop for cruise visitors to the old town, and the convent across the street has been converted into an upscale hotel. In 1903 the archbishop of San Juan closed the convent, and it was variously used as a retail store, dance hall, and flophouse. The heir to the Woolworth empire, Robert Frederic Woolworth, bought it and converted it into a luxury hotel, the El Convento (inset), between 1959 and 1962. Guests have included Rita Hayworth and Ethel Merman.

The Municipal Theater (now Teatro Tapia), San Juan's most important performance venue, was inaugurated in 1830. Neoclassical in style, it faces Plaza Colón alongside Calle Fortaleza, where important parades and processions were held from colonial times, such as this 1940s Fourth of July celebration. In earlier days, the Tapia stage hosted visiting orchestras and theater companies. Famous in vaudeville circles, local comedian Diplo (1909–56) delighted wartime audiences here with his routine.

El Teatro Municipal (ahora Teatro Tapia), inaugurado en 1830, es la sala de representaciones más famosa de San Juan. De estilo neoclásico, su fachada encara la Plaza Colón, junto a la Calle Fortaleza, donde se celebran desfiles y procesiones desde los tiempos de la colonia. La imagen ilustra una celebración del 4 de julio en la década de 1940. El comediante local Diplo (1909–56), de renombre en los círculos del vaudeville, deleitaba al público en los tiempos de guerra con su famosa rutina minstrel.

El Teatro Tapia ha sido objeto de numerosas restauraciones: 1879, 1946, 1976, 1987 y 2008. Su nombre honra al dramaturgo más importante de Puerto Rico, Alejandro Tapia y Rivera. La Municipalidad de San Juan administra la sala de 700 butacas en la que se presentan obras de teatro, ballet, y zarzuelas. El frontispicio que decora su fachada puede apreciarse mejor desde la azotea del edificio de enfrente, que en el pasado fue un club social frecuentado por las élites conocido como el Casino de Puerto Rico.

The Teatro Tapia has been restored often: 1879, 1946, 1976, 1987, and 2008. Its name honors Puerto Rico's most important playwright, Alejandro Tapia y Rivera. The Municipality of San Juan manages the 700-seat facility, where plays, ballet, and *zarzuelas* (Spanish operettas) are performed. Its pedimented facade is best viewed from atop the building across the street, once an elite social club known as the Casino de Puerto Rico.

After demolishing its walls in 1897, San Juan grew beyond the Gate of Santiago. Early in the twentieth century, important institutions located here included the Carnegie Library and the 1923 Ateneo (a local cultural association). Two buildings from 1913 add splendor to Avenida Ponce de León: El Casino de Puerto Rico (the city's preeminent social club, highlighted by a convex mansard roof) and the YMCA (at right). The inset shows the position of two roadside pillars with urns before construction was allowed.

Después de la demolición de sus murallas en 1897, San Juan se desbordó más allá de la Puerta de Santiago. A principios del siglo XX, varias instituciones establecieron sedes en la ciudad: como la Biblioteca Carnegie y el Ateneo (una asociación cultural local, 1923). Otros dos edificios confirieron mayor esplendor a la Avenida Ponce de León: el Casino de Puerto Rico (cuyo rasgo más distintivo es su cubierta en mansarda convexa, 1913) y la YMCA (a la derecha, 1913). La imagen superpuesta demuestra la posición de dos pilares ornamentales con urnas en la calle antes de que se permitiera la construcción.

Eventualmente se añadió un ala adicional a la estructura de la YMCA. El edificio fue restaurado en 1992 para albergar a la sede del Comité Olímpico de Puerto Rico. La Avenida Ponce de León es ahora una vía urbana que se ha ensanchado considerablemente, con carriles adicionales de tránsito y espacios de estacionamiento. La urnas desaparecieron y nadie parece recordar en qué momento ocurrió. No existe rastro alguno de los adoquines azulados con que originalmente se empedró la avenida y que todavía existen en otras partes del Viejo San Juan.

The YMCA eventually incorporated an additional wing. It was restored in 1992 to house Puerto Rico's Olympic Committee headquarters. Avenida Ponce de León is now a busy urban thoroughfare and has been broadened considerably, incorporating additional traffic lanes and parking spaces. The urns vanished, but no one seems to remember when. No trace exists of the original blue-colored cobblestones, or *adoquines*, with which the avenue was once paved and still exist elsewhere in Old San Juan.

Puerto Rico's capitol in Puerta de Tierra was built from 1921 to 1929. Prominent politician Luis Muñoz Rivera introduced the idea of a capitol in 1907, allegedly to demonstrate to the United States some degree of civilian rule on the island. The structure, faced in marble, is home to a house of representatives and a senate lodged at opposite wings. Protests and demonstrations are common here; the inset picture shows one in 1965, on the occasion of the death of nationalist leader Pedro Albizu Campos.

El Capitolio de Puerto Rico se construyó en Puerta de Tierra entre 1921 y 1929. El destacado político Luis Muñoz Rivera presentó la idea en 1907, supuestamente para demostrarle a Estados Unidos que existía cierto nivel de orden cívico en la isla. El edificio, cuya fachada fue recubierta en mármol, alberga tanto a la Cámara de Representantes como al Senado, que ocupan alas opuestas del edificio. En este lugar son frecuentes las protestas y manifestaciones; una de las más importantes fue la de 1965 con motivo de la muerte del líder nacionalista Pedro Albizu Campos.

En su fachada, el edificio del Capitolio despliega un estilo neoclásico importado. Frisos y mosaicos decorativos ensalzan la cúpula bajo la cual se exhibe la Constitución de Puerto Rico. Los murales contemporáneos que engalanan el interior del edificio—creados por artistas locales para representar la historia de la isla—destacan la voluntad inquebrantable del pueblo de asociarse a lo moderno. Aunque constituye una atracción importante para quienes visitan la isla, el Capitolio sigue siendo localidad predilecta para protestas y manifestaciones.

The facade of the capitol displays an imported Neoclassical style. Decorative friezes and mosaics highlight the rotunda under which Puerto Rico's Constitution is exhibited. The contemporary murals that grace the interior—created by local artists to depict the island's history—underscore the people's unyielding will to embrace the modern. Although an important visitor attraction, the Capitol is still the focus for protests and demonstrations. This photo matches the inset picture.

As a consequence of urban expansion, the area of Puerta de Tierra grew rapidly. Many workers found a home here, and businesses and institutions followed. New two-story structures provided commercial space at ground level and residential space above. In 1916, given the chance to face Avenida Ponce de León (the main artery leading to San Juan), the building that housed a post office and La Francaise bakery made the most of its "billboard" potential to attract passing trade.

El área de Puerta de Tierra creció rápidamente como consecuencia de la expansión urbana. Muchos trabajadores se alojaron aquí, seguidos por varias empresas e instituciones. Las nuevas estructuras de dos pisos ofrecían locales comerciales en las plantas bajas y unidades residenciales arriba. En 1916, un edificio como el que alberga esta oficina postal y la panadería La Française tenía una posición privilegiada de frente a la Avenida Ponce de León (principal arteria vial que conduce a San Juan) y sacaba el máximo provecho de su ubicación para atraer clientes potenciales.

Llegada la década de 1940, el concreto dominaba la construcción urbana. Locales como La Française y la oficina postal desaparecieron sin dejar rastro. El estilo moderno se apropió con vacilación, sin abandonar inicialmente el "Spanish Revival" o el Art Deco. De esa época, muchas estructuras yacen abandonadas, presas de artistas del graffiti en busca de un lienzo virgen. La visibilidad sigue siendo uno de los mayores atributos de los espacios que recorren la Avenida Ponce de León, que se mantiene vigente como imán para eventos públicos.

By the 1940s, concrete dominated construction. The likes of La Francaise and the post office faded away without a trace. Buildings, however, embraced the modern style reluctantly; traces of the Spanish Revival and Art Deco styles could still be found in new projects. Today, many of these structures lie abandoned, prey to graffiti artists in search of an empty canvas. Visibility remains the strongest asset along Avenida Ponce de León, which is still a magnet for public events, from Holy Week processions to sports competitions.

In the early twentieth century, large mangrove swamps at Puerta de Tierra were reclaimed from San Juan Bay to house workers migrating to urban areas as a result of land expropriations throughout the island. Land and housing speculators profited from the proximity of Puerta de Tierra to the docks, the railroad yards, and an important tobacco company, which were all leading sources of employment. By 1917, Barriada Riera Miranda held thousands of inhabitants, many of them victims of malnutrition and unsanitary conditions.

A principios del siglo XX, en Puerta de Tierra se reclamaron amplias extensiones de manglares de la Bahía de San Juan, a fin de albergar a los obreros que emigraban a las zonas urbanas tras las expropiaciones de tierras en toda la isla. Los especuladores de bienes raíces se beneficiaron de la proximidad de Puerta de Tierra a importantes fuentes de trabajo como muelles instalaciones ferroviarias y una importante compañía tabaquera. Llegado el año 1917, la Barriada Riera Miranda era hogar para miles de personas, muchas de ellas víctimas de la desnutrición y condiciones antihigiénicas.

El Complejo Habitacional Puerta de Tierra (1949) se desarrolló en el mismo lugar donde anteriormente se levantaron las casas y casuchas de madera de la antigua Barriada Riera Miranda. Las familias ahora gozan de suministro eléctrico, agua, teléfono, televisión y algunos tienen servicios de cable y aire acondicionado. Grupos comunitarios constantemente promocionan la identidad del barrio, así como la responsabilidad social. El valor de la tierra ha subido significativamente y las industrias han abandonado la costa, que ha sido recuperada para establecer nuevos desarrollos.

Puerta de Tierra Housing Project (1949) was built where the former wooden houses and shacks of Barriada Riera Miranda once stood. Families now have water, electricity, telephone, and television service. Some have cable and air-conditioning. Community groups constantly promote neighborhood identity and social responsibility. Land values have risen significantly and industry has vacated the shoreline, which has been cleaned up for new development.

Top: In 1934, standing above the battery of El Escambrón (1771–1801), the gaze extends east (left) toward the scarcely developed Condado area. The hipped roof of the Vanderbilt Hotel can be seen in the distance. Fort San Gerónimo, built in the seventeenth century, guards the entrance to the Condado lagoon. A horseshoe-shaped boardwalk extends over the water, admired by everyone as "the largest outdoor pool in the world." It belongs to El Escambrón Beach Club, dating from 1932.

Arriba: En esta vista de 1934, desde el techo de la Batería del Escambrón (1771–1801), la mirada se extiende en dirección este (izquierda) hacia la zona del Condado, que apenas comenzaba a desarrollarse. Asimismo, puede vislumbrarse a los lejos el techo piramidal del Hotel Vanderbilt. El Fuerte de San Gerónimo, construido en el siglo XVII, vigila la entrada a la Laguna del Condado. Un paseo marítimo en forma de herradura se extiende sobre el agua. Le pertenece a El Escambrón Beach Club, que abrió en 1932.

Abajo: La vista desde El Escambrón ha sido objeto de grandes cambios. De izquierda a derecha: el Hotel Caribe Hilton abrió en 1949; el Condominio Las Nereidas, con sus ventanas de cristal, se construyó en los años 1970; el Paseo Caribe, con sus techos de varios niveles, se terminó de construir en 2009; el Hotel Normandie, cuyo perfil recuerda el famoso crucero francés, abrió sus puertas en 1942 y el New Millenium Park (a la derecha) terminó de construirse en 2000.

Bottom: The view from El Escambrón is much changed today. From left to right: the Caribe Hilton Hotel arrived in 1949; Las Nereidas Condominium, with its glass windows, was built in the 1970s; Paseo Caribe, with multileveled roofs, was finished in 2009; the Normandie Hotel, whose profile resembles the famous French ocean liner, opened in 1942; and the New Millennium Park was completed in 2000.

In 1909 the Adorno family gave a plot of land to the Municipality of San Juan on condition that a market be built on it, east of the old city, in a newly developed district named Santurce. At the time, a market erected in 1823 was located within the old city. The new building followed the prevailing models of the time, flavoring its facades with a taste of French ornamentation. Built in 1923, Santurce's meat and vegetable marketplace included Roman arches, voussoirs, rusticated piers, and fixed louvers.

En 1909 la familia Adorno cedió un terreno a la Municipalidad de San Juan con la condición de que se construyera ahí un mercado, al este de la vieja ciudad, en un barrio desarrollado recientemente llamado Santurce. Dentro de la vieja ciudad amurallada ya existía un mercado que había sido construido en 1823. El nuevo edificio adoptó los modelos prevalecientes de la época y decoró sus fachadas con matices de ornamentación francesa. Creado en 1923, el mercado de carnes y vegetales de Santurce incorporaba arcos romanos, dovelas, pilares en sillería y persianas fijas.

Todavía pueden comprarse frutas, vegetales, carne y pescado en el mercado de Santurce, uno de los sitios de San Juan más visitados en la actualidad. Asimismo, a su alrededor han proliferado bares y restaurantes que a menudo se extienden hasta las calles vecinas. El mercado ha sido remodelado en tres ocasiones: primero en 1960, después en 1975 y, más recientemente, en 1996, ocasión en que prevaleció el diseño original y se añadieron una pérgola, esculturas y bancas.

Fruits, vegetables, meats, and fish can still be bought from vendors at Santurce's marketplace, now one of the most visited locations in San Juan. Bars and restaurants have flourished around it, often extending toward nearby streets. The market has been remodeled three times, in 1960, 1975, and 1996. On the last occasion, the original design prevailed; a gazebo, sculptures, and benches were added.

By the 1920s, Condado had become the most stylish neighborhood of the capital city. Many wealthy families established their homes here, building "modern" houses along what used to be a virgin beach. The district included a linear park that ran parallel to the ocean. Named Paseo Borínquen, it was the perfect place for a stroll, a long conversation, or just contemplation.

Llegada la década de 1920, el Condado se había convertido en el barrio más prestigioso de la ciudad capital. Varias familias adineradas habían establecido sus hogares en el barrio y construyeron casas "modernas" a lo largo de lo que anteriormente era una playa virgen. El barrio tenía un parque lineal que corría paralelo al mar. Paseo Borínquen era el lugar perfecto para una caminata placentera, una larga conversación o simplemente la contemplación.

Paseo Borínquen survives only in memory, having surrendered to private speculation by the mid-1930s. Few people remember it. Sand has covered all possible traces of its former existence. Not even the original vegetation was preserved, although younger palm trees now shield the tall, modern apartment buildings that skirt the water's edge along Condado. The district has become a tourist hot spot. It has been said that Puerto Ricans don't frequent parks because, for them, the beach constitutes the island's foremost democratic open space.

Paseo Borínquen sólo existe en la memoria, pues a mediados de la década 1930 sucumbió ante la especulación de grupos privados. Pocos lo recuerdan y la arena ha cubierto todo rastro posible de su antigua existencia. Ni siquiera se ha conservado la vegetación original, aunque ahora han aparecido palmeras jóvenes que dan sombra a los modernos edificios de apartamentos que recorren la costa de Condado. El barrio se ha convertido en una zona popular para turistas. Muchas veces se ha dicho que los puertorriqueños no frecuentan los parques pues, para ellos, la playa constituye, por excelencia, el entorno público más democrático de la isla.

Vega Baja was founded in 1776. By 1860, the old church had been torn down and construction of the present one had begun. It was finished in 1867. The original plaza had only a dirt pavement until 1910, but by the time of this 1946 photograph, trees and shrubbery dominated the space. During Spanish colonial times, plazas were used for varied purposes, from hosting military displays to drying coffee beans.

Vega Baja fue fundada en 1776. Ya en 1860, su vieja iglesia se había demolido y se inició la construcción de la que actualmente existe, que se completó en 1867. Hasta 1910, la plaza original era un predio de tierra, pero al momento de esta foto en 1946, los árboles y arbustos ya se habían apoderado del lugar. Durante la época colonial, las plazas albergaban actividades varias, desde marchas militares hasta el secado de café al aire libre.

La última remodelación de la Plaza José F. Náter data de 1984. Las propiedades más antiguas de Vega Baja actualmente gozan de la protección que les confiere su ubicación dentro de una zona histórica establecida en 2004 y que abarca 10 cuadras de la ciudad. Los materos que decoran la plaza han sido reformados y, en su mayoría, los árboles son menos voluminosos, mientras que se han multiplicado las zonas pavimentadas. Más de un 40 porciento de los terrenos de la municipalidad que rodean Vega Baja ha sido declarado reserva natural, incluyendo manglares, bosques y barreras de coral.

Plaza José F. Náter was last remodeled in 1984. The parish church and most surrounding buildings are well preserved. Older properties in Vega Baja are now protected by a historic zone established in 2004 that comprises ten city blocks. Within the plaza, planters have been reshaped and most trees have lost their bulk, while paved areas have multiplied. More than 40 percent of the municipality's land around Vega Baja has been declared a nature reserve, including mangroves, barrier reefs, forests, and caves.

Arecibo, bordering the Atlantic Ocean, dates to 1616. The ornate plaza, built in 1858 and among the largest on the island, belies the city's proximity to the sea. The Cathedral of Saint Phillip Apostle, built in 1846 and often a victim of earthquakes, dominates the area. The plaza, seen here in 1916, incorporates highly ornate elements: a balustrade with benches, lamps, fountains, and a gazebo. The 1866 city hall at left underlines its presence with a flag. The 1912 Edificio Oliver behind it is the tallest apartment building in town.

Arecibo, situada en la costa del Océano Atlántico, fue fundada en 1616. Su plaza ornamentada, construida en 1858 y una de las más grandes de la isla, no deja entrever la proximidad de la ciudad al mar. La Catedral San Felipe Apóstol (1846), muy a menudo víctima de terremotos, domina el espacio. Captada en esta imagen de 1916, la plaza incorpora ornamentos de elevada sofisticación: una balaustrada con bancas, lámparas, fuentes y una pérgola. La bandera izada a la izquierda subraya la presencia del Ayuntamiento (1866). A sus espaldas, el Oliver (1912) se impone como el edificio de apartamentos más grande de la ciudad.

Después de la muerte de Luis Muñoz Rivera en 1916, se rebautizaron las plazas de muchas de las ciudades del país en honor al político más distinguido que conoció la isla en el siglo XIX. Arecibo, en expresión exaltada, erigió un obelisco conmemorativo, hasta el día de hoy en pie. Entre 1984–92, se añadió una nueva pérgola y una fuente. La iglesia se ha mantenido en buen estado. En 1918 la fachada del Ayuntamiento fue afectada por movimientos telúricos. Las reparaciones incluyeron la construcción de una nueva torre, que fue demolida en 1978 cuando se restauró la estructura a su diseño original.

When Luis Muñoz Rivera, the island's most distinguished nineteenth-century politician, died in 1916, many towns renamed their plazas in his honor. Arecibo went further and erected a commemorative obelisk that remains in place to this day. Between 1984 and 1992, a new gazebo and a fountain were added. The church has been well preserved. In 1918 the city hall's facade was damaged by earth tremors. Repairs included a new tower, which was demolished in 1978 when the structure was restored to its original design.

By the eighteenth century, the ancestral home of the Romero family in Arecibo was used as a city hall and was known as Casa del Rey (the King's House). In 1777 an earthquake damaged the structure, but it remained the seat of local government until 1866, when a new *ayuntamiento*, or city hall, was built next to it. The original masonry and wood construction lasted for four more decades. The Teatro Oliver (1877), seen on the left, enriched the town's cultural life by playing host to visiting artists and orchestras.

En el siglo XVIII, la casa ancestral de la familia Romero en Arecibo fue utilizada como ayuntamiento, llamado entonces "La Casa del Rey". En 1777 un terremoto dañó el edificio severamente, aunque éste se mantuvo como la sede del gobierno local hasta 1866, cuando se construyó una nueva alcaldía a su lado. La construcción original de piedra y madera se mantuva en pie cuatro décadas. El Teatro Oliver (1877), que puede apreciarse a la izquierda, enriquecía la vida cultural de la ciudad con presentaciones de artistas y orquestas visitantes.

La Casa del Rey fue demolida para construir el Edificio Oliver (1912), uno de los dos edificios de apartamentos de gran envergadura construidos en Arecibo a principios de siglo. Con el tiempo, las unidades de vivienda pasaron a ser oficinas privadas y gubernamentales. Al Teatro Oliver se le construyó una nueva fachada después del terremoto de 1918 y, posteriormente, para la década de 1940, se convirtió en cine. En 2000 la sala volvió a presentar espectáculos en vivo, al cabo de un proyecto de restauración que duró dieciocho años.

Casa del Rey was demolished to build the Edificio Oliver (1912), one of two large-scale apartment buildings erected in Arecibo at the turn of the century. It stretched three floors high along its entire length, and had a wide roof terrace. Subsequently, the housing units were turned into private and government offices. The Teatro Oliver donned a new facade after the 1918 earthquake and became a cinema in the 1940s. In 2000 it returned to hosting live events after an eighteen-year restoration project.

GUAJATACA, QUEBRADILLAS

No landscape in Puerto Rico matches the drama of Guajataca, a spot where the island's northern shore climbs high. In this 1930s photo, lush vegetation frames the vista and at the same time protects a humble dwelling, or *bohío*, prototypical of the houses where the island's poor lived for centuries. The entire family lacked space, comfort, and privacy, and would share a single area. Insects and animals within the dried palm leaves made life difficult; hurricanes sometimes made it impossible.

No existe paisaje alguno en Puerto Rico que pueda igualar el impacto dramático de Guajataca, lugar destacado por sus acantilados elevados de cara a la costa norte. En esta imagen clásica de los años 1930, la exuberante vegetación sirve de marco a la vista, a la vez que protege el humilde bohío, vivienda arquetípica que durante siglos hospedó a los pobres de la isla. Toda la familia estaba obligada a compartir una sola área de poco espacio, comodidad o privacidad. Los insectos y animales que vivían en las palmas secas dificultaban la vida: los huracanes a veces la hacían imposible.

Para la década de 1950, los bohíos habían desaparecido. En los años siguientes, Guajataca se convirtió en el paisaje emblemático de Puerto Rico. Hoy yace a poca distancia de la Carretera 2, la principal ruta entre el oriente y occidente de la isla: los viajeros pueden disfrutar de un área recreativa aledaña y disfrutar de la vista y un picnic en quioscos diseñados pare ese fin. Hace tiempo que se removieron los últimos rieles de un viejo túnel de tren excavado en el cerro.

Bohíos had disappeared by the 1950s. In subsequent years, Guajataca became Puerto Rico's emblematic landscape. Today it lies just off Highway 2, the island's major east–west route, and travelers can stop in the country park and stroll around paved paths or picnic in specially built gazebos nearby. An old railroad tunnel carved into the cliff has long since had its tracks pulled up.

The church and plaza at Isabela show the modest life being led in Puerto Rican towns during the mid-nineteenth century, when the economy was centered on sugar and coffee plantations, far away from urban locations. The temple, dedicated to Saint Anthony of Padua, has a flat wooden roof, vaulted ceilings, and domed towers. Its neoclassical vocabulary is unpretentious. Echoing Renaissance ideals, the facade is a composite of a Greek temple's pediment and the tripartite entrance of a Roman arch.

La iglesia y la plaza de Isabela evidencian el estilo de vida modesto de los pueblos de Puerto Rico a mediados del siglo XIX, cuando la economía dependía de las plantaciones de café y azúcar ubicadas lejos de los centros urbanos. El templo, dedicado a San Antonio de Padua, tiene techos de madera planos, así como torres y cielorrasos abovedados. Su vocabulario neoclásico dista de toda pretensión. La fachada rinde tributo a los ideales renacentistas, combinando un frontispicio griego con la entrada tripartita de un arco romano.

La plaza fue renovada en el año 2004 e incorporó una pérgola, una glorieta, una fuente y esculturas conmemorativas. El espacio exhibe ahora un carácter más formal que en el pasado, representativo de una ciudad que mira hacia el futuro. Hoy en día, los turistas visitan Isabela buscando sus playas y hoteles. La iglesia de San Antonio ha sido objeto de grandes transformaciones. Dos torres almenadas, en concreto, han sustituido las originales. La nueva cúpula y unas bóvedas de concreto armado tratan de imitar el diseño de su antigua estructura decimonónica.

Remodeled in 2004, the plaza has incorporated a pergola, a gazebo, a fountain, and commemorative sculptures. More formal than its predecessor, the space now speaks of a town facing the future. Nowadays, tourists head to Isabela in search of its beaches and hotel accommodations. The Church of San Antonio has undergone major renovations. Two crenellated concrete towers have replaced the old ones. A new dome and vaults in reinforced concrete try to replicate the design of the nineteenth-century structure.

The Labadie Mansion was designed in 1893 by French engineer Paul Servajean for the widow Cornelia Labadie, and was finally built twelve years later. Conceived as a château for a wealthy landowner growing coffee on the premises, it was erected in concrete over an older, wooden house. From the wrought-iron balconies, one can reach two turrets crowned by silver-colored Turkish domes, originally sheathed in tin. After 1898 it became a sugar hacienda and was eventually left vacant but still retained by the family.

La Mansión Labadie fue diseñada en 1893 por el ingeniero francés Paul Servajean para la viuda Cornelia Labadie, pero se construyó 12 años más tarde. Fue concebida como un chateau para un terrateniente adinerado que sembraba café en la propiedad. Se construyó en concreto sobre la estructura de una casa de madera existente. Desde sus balcones de hierro forjado se puede llegar a dos torrecillas coronadas por cúpulas turcas de color plateado, originalmente recubiertas en estaño. Después de 1898 pasó a ser hacienda de caña de azúcar, quedando finalmente vacía, aunque la familia conservó la propiedad.

En 1993 la Municipalidad de Moca adquirió la Mansión Labadie de manos de los descendientes del propietario original y, más adelante, la restauró para honrar al escritor Enrique Laguerre, cuya novela clásica de 1935, *la Llamarada*, rememora los tiempos de la producción azucarera y hace referencia a la mansión. Laguerre, oriundo de Moca, la describe como una casa "donde la historia ha fermentado la leyenda . . . es así como la ficción se convierte en mito." Los terrenos han incorporado vegetación paisajística y la casa ha sido restaurada como museo histórico y centro cultural.

In 1993 the Municipality of Moca acquired the house from descendants of the owner and later restored the Labadie Mansion to honor author Enrique Laguerre, whose classic 1935 novel *La llamarada* addresses the bygone era of sugar production and references the mansion. Laguerre, a native of Moca, describes it as "a building where history has leavened legend . . . that is how fiction becomes myth." The grounds have been extensively landscaped and the house refurbished as a historic museum and cultural center.

Aguadilla Plaza, Puerto Rico.

Aguadilla was founded in 1775. In the early 1900s, its plaza could only claim grass, a few lampposts, one kiosk, and a couple of statues. The church, dedicated to Saint Charles Borromeo, dates from 1887 and incorporates three-pointed arches in the facade; a long, straight cornice, and two towers. An earthquake destroyed the south tower in 1918; it was replaced by another mismatched one in 1921.

Aguadilla fue fundada en 1775. A principios de la década de 1920, su plaza apenas incorporaba algún césped, unos pocos faroles, un quiosco, y algunas estatuas. La iglesia, dedicada a San Carlos Borromeo, data de 1887 y en su fachada incorpora arcos ojivales, una cornisa recta y extendida y dos torres. En 1918, un terremoto destruyó la torre sur, que fue remplazada en 1921 con otra de diseño diferente.

En la fachada de la iglesia sigue dominando por la asimetría, aunque la larga cornisa se acortó para incorporar retallos en espiral y un frontispicio. El espacio goza de abundante sombra y ahora incorpora monumentos, bancas, zonas con plantas, y una fuente de metal acompañada por la música del artista mas distinguido de Aguadilla, el compositor Rafael Hernández, que compuso algunas de las canciones populares más famosas de Puerto Rico. Hernández disfrutó de una carrera internacional que abarcó varias décadas y, hasta el día se mantiene como uno de los favoritos del público.

Asymmetry still rules the church's front elevation, but the long cornice has been shortened to accommodate two flat scrolls and a pediment. Heavily shaded, the space now includes monuments, benches, planting areas, and a metal fountain with accompanying music by Aguadilla's most distinguished artist, composer Rafael Hernández. Composer of some of Puerto Rico's most beloved popular songs, Hernández enjoyed an international career that spanned several decades. He remains a favorite to this day.

Aguadilla's main railroad station, built in 1904, was located only a stone's throw from the main plaza behind the Church of San Carlos Borromeo. By 1898, the island's railroad system encompassed 168 miles. Passenger travel began to flourish in 1902 when the American Railroad Company from New York acquired the system. In 1904 the northern line was expanded to the west to include Aguadilla and other nearby towns.

La principal estación de tren de Aguadilla fue construida en 1904 a una corta distancia de la plaza principal, detrás de la iglesia de San Carlos Borromeo. En 1898 el sistema ferroviario de la isla cubría 168 millas. El tránsito de pasajeros comenzó a florecer en 1902, año en que la American Railroad Company de Nueva York adquirió la red. En 1904 la línea norte se expandió hacia el oeste para incluir a Aguadilla y otras ciudades cercanas.

La ferrovía y el puente han desaparecido; sólo quedan sus anclajes en piedra. Sin embargo, las amplias escaleras siguen siendo útiles como conexión principal entre la ciudad abajo y una comunidad de escasos recursos llamada La Vía que ha ido desarrollándose alrededor de la antigua estación de tren. Políticos y artistas de graffiti insisten en exhibir sus talentos y mensajes en la base del Puente. El tránsito de pasajeros a esta parte de la isla llegó a su fin en 1953, mientras que el servicio comercial relacionado a la industria de caña de azúcar continuó hasta 1957.

The railroad and the bridge are gone, leaving behind its stone anchors. The wide steps, however, remain useful as the main connection between the town below and a low-income community named La Vía that has developed around the former location of the train station. Graffiti artists and politicians insistently display their talents and messages here. Passenger travel by train in this part of the island ceased in 1953, while commercial service, centered on the sugarcane industry, continued until 1957.

Spring, R.R.

In 1882 Aguadilla's mayor built a small park, or *parterre*, around a natural spring that had been supplying water to ships for centuries. As early as the 1700s, chroniclers praised the location's exceptional beauty. Between 1851 and 1852, Enrique Hau, a foreman, erected a rudimentary structure next to it, adding water-channeling devices and a pool. A bridge was added in 1865. By 1900, the parterre had become a popular gathering spot for some of the town's most highly regarded poets: José de Diego and José de Jesús Esteves.

En 1882 el alcalde de Aguadilla construyó un pequeño parque alrededor de un manantial natural que durante siglos había suministrado agua a las embarcaciones que visitaban la isla. Entre 1851 y 1852, el capataz Enrique Hau construyó una estructura rudimentaria al lado del manantial y añadió mecanismos para encauzar las aguas, así como un estanque. En 1865 se incorporó un puente. Llegado el año 1900, el Parterre se había convertido en un popular punto de encuentro, especialmente para algunos de los poetas de mayor renombre en la ciudad: José de Diego y José de Jesús Esteves.

El Parterre fue rebautizado con el nombre del poeta José de Jesús Esteves. Tanto a él como a José de Diego—escritores identificados con el movimiento moderna latinoamericano del siglo XIX—se le ha honrado con monumentos en este lugar. Las estatuas se han sucedido las unas a las otras. Este parque ha sido expandido y remodelado, pero a lo largo del tiempo ha mantenido su importancia. El Parterre fue incluido en el Registro Nacional de Sitios Históricos en 1986.

The parterre has been renamed for José de Jesús Esteves. He and José de Diego—who subscribed to Modernismo, the nineteenth-century Latin American literary movement—are now honored here with monuments. Statues have come and gone. Expanded and remodeled, this parklike space has retained its importance over time. The parterre was included in the National Register of Historic Places in 1986.

The striking officers' club at Ramey Air Force Base (1952) was developed by Weed, Russell, Johnson and Associates, from a conceptual design by Jesús E. Amaral, later the founder of the first architecture school on the island at the University of Puerto Rico in 1965. Ramey's origins go back to 1936, when the U.S. Army advocated a military base to support the air defenses of the Panama Canal and the Caribbean. Sleek and daring, the officers' club was a proud embodiment of the ideas that nurtured Modern architecture.

El espectacular club de oficiales de la Base Aérea Ramey (1952) fue desarrollado por Weed, Russell, Johnson & Associates a partir de un diseño conceptual de Jesús E. Amaral, que más adelante fundaría de la primera escuela de arquitectura de la isla (Universidad de Puerto Rico, 1965). Los orígenes de Ramey se remontan a 1936, cuando el Ejército de EE.UU. promovió la creación de una base militar para respaldar a sus defensas aéreas en el Canal de Panamá y el Caribe. De diseño elegante y atrevido, el club de oficiales encarnaba con orgullo las ideas que nutrían a la arquitectura moderna.

En 1973 Ramey se cerró como base activa de la Fuerza Aérea producto de la contracción del aparato militar estadounidense tras la Guerra de Vietnam. Todavía persisten algunas de sus funciones militares, navales y gubernamentales; el campo de golf permanece en uso y el aeropuerto actualmente presta servicios a las aerolíneas comerciales. La piscina del club de oficiales ha dejado de funcionar, pero los huéspedes todavía pueden cenar, bailar y disfrutar de una impresionante vista desde la terraza donde opera un restaurante.

In 1973 Ramey was shut down as an active air force base, a result of the post–Vietnam War retrenchment that closed down numerous U.S. military bases. Some army, navy, and government functions continue; the golf course remains in use; and the airport now serves commercial airlines. At the officers' club, the swimming pool has been covered up, but guests can still dine, dance, and enjoy a breathtaking ocean view from the terrace, where a restaurant operates.

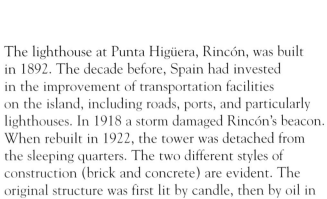

The lighthouse at Punta Higüera, Rincón, was built in 1892. The decade before, Spain had invested in the improvement of transportation facilities on the island, including roads, ports, and particularly lighthouses. In 1918 a storm damaged Rincón's beacon. When rebuilt in 1922, the tower was detached from the sleeping quarters. The two different styles of construction (brick and concrete) are evident. The original structure was first lit by candle, then by oil in 1903, and finally by electric battery power in 1959.

El Faro de Rincón en Punta Higüera se construyó en 1892. Una década antes, España había hecho inversiones para mejorar la infraestructura de transporte en la isla, incluyendo carreteras, puertos y, especialmente, faros. En 1918 una tormenta causó daños al Faro de Rincón. Cuando se reconstruyó en 1922, se decidió separar del fuste las habitaciones del farero. La diferencia entre ambos estilos de construcción (ladrillo y concreto) es evidente. En la estructura original, el faro se encendía con vela, posteriormente con aceite (1903) y, finalmente, con una batería eléctrica (1959).

El ambiente relajado que rodea el Faro de Punta Higüera disimula la función indispensable que presta a los marineros. El sistema fue automatizado en 1993 y ahora opera con una luz cuya intensidad equivale a la de 26,000 candelas, suficiente para guiar a las embarcaciones por el Estrecho de Mona al oeste de Rincón. El faro descansa sobre un acantilado de casi 100 pies de altura y se ha convertido en un punto ideal para observar la migración de las ballenas jorobadas hacia el sur del Atlántico, entre finales de enero y marzo. Las condiciones ideales para el surf durante todo el año constituyen la principal atracción de Rincón.

The parklike atmosphere that surrounds the Punta Higüera lighthouse belies its indispensability for sailors. Automated since 1993, it now operates with a 26,000-candlepower light strong enough to guide ships through Mona Passage, a stretch of ocean west of Rincón. Sitting above a cliff and towering almost 100 feet high, the lighthouse has become an observation post from where one can watch Atlantic humpback whales migrate south from January to March. All year round, surfing constitutes Rincón's main attraction.

Emigrants from Spain, France, Italy, and Corsica settled in Mayagüez and the town was formally designated as a city in 1877. The church of Nuestra Señora de la Candelaria flanks Plaza Colón, so named after Christopher Columbus, who allegedly first landed in Puerto Rico on the city's western shores. Seen here in the late 1940s, the Mission-style church had already experienced various stylistic transformations, particularly after the 1918 earthquake that ravaged Mayagüez.

Emigrantes procedentes de España, Francia, Italia y Córcega se establecieron en Mayagüez. El pueblo fue designado ciudad oficialmente en 1877. La iglesia de Nuestra Señora de la Candelaria se adosa a la Plaza Colón, así nombrada en honor al Descubridor de América, quien se alega primero pisó tierras puertorriqueñas en las costas de esta ciudad. Para los años 1940 la iglesia evocaba el estilo de las misiones californianas, no sin antes haber sufrido otras transformaciones, particularmente a raíz del terremoto de 1918 que devastó en Mayagüez.

La iglesia de Nuestra Señora de la Candelaria ha sido remodelada recientemente. En la plaza recubierta de mármol aún permanece un conjunto original de farolas de bronce que data de más de cien años. Sostiene cada luminaria una odalisca evocativa del Oriente, con ropajes, turbantes y velos característicos. Mayagüez, después de todo, se conoce como "La sultana del oeste". Los árboles y la vegetación ornamental han crecido y proveen sombra a los muchos que allí se dan cita. A la derecha, al fondo, se destaca orgulloso el Casino de Mayagüez, la entidad social de mayor importancia en la ciudad.

The church of Nuestra Señora de la Candelaria has been remodeled recently. The plaza, paved in marble, is still graced by a group of lampposts in bronze that date over more than one hundred years. Each lamp is held by an oriental odalisque, including characteristic clothes, turbans, and veils. Mayagüez, after all, is also known as "The Sultaness of the West". At right, in the background, stands the Casino de Mayagüez, the oldest active social club in the city.

The French Theater at Mayagüez (1884), lovingly called "el bizcochón" (the oversized cake) was allegedly the brainchild of an architect from France. It faced Calle Méndez Vigo, at one time the most beautiful boulevard in Puerto Rico. The theater lasted until 1918, when it was destroyed by an earthquake. Horseshoe-shaped arches and intricate geometric patterns contribute to the building's oriental flavor. Moorish details seem to be grafted into classical pilasters and cornices

El Teatro Francés de Mayagüez (1884), llamado cariñosamente "el bizcochón" supuestamente fue ideado por un arquitecto francés. Su fachada se orientaba hacia la Calle Méndez Vigo, que en un momento fue el boulevard más bello de Puerto Rico. El teatro duró hasta 1918, año en que fue destruido por el terremoto. Arcos de herradura y bajorrelieves con patrones geométricos contribuían al dejo oriental de la estructura. Detalles moriscos parecín estar injertados en las pilastras y cornisas clásicas.

En los años 1950, finalmente se levantó un nuevo edificio en la antigua ubicación del Teatro Francés: la sede del YMCA de Mayagüez. La afición por el deporte es grande en la ciudad, sede de los XXI Juegos Centroamericanos y del Caribe. En la década de 1990, el Ejército de Salvación (la organización de servicios sociales y beneficencia) pasó a ocupar el edificio.

In the 1950s, a new building was finally erected on the site of the former French Theater. The building became the headquarters of the YMCA at Mayagüez. Sports have always enjoyed great popularity in the city, host of the XXI Central American and Caribbean Games. The Salvation Army moved into the building in the 1990s.

This chalet, designed by architect Sabás Honoré in the 1920s for merchant Miguel Esteve Blanes, was one of many distinguished buildings along Calle Méndez Vigo in Mayagüez. At the turn of the twentieth century, local master builders were in demand, most of them having studied in Europe or the United States. They were well-versed on the architectural styles in vogue that appealed to a growing and powerful bourgeoisie.

El chalet, diseñado por el arquitecto Sabás Honoré en los años 1920 para el comerciante Miguel Esteve Blanes, era uno de varios edificios distinguidos que alineados a lo largo de la calle Méndez Vigo en Mayagüez. Entre siglos y los albores del siglo veinte, era grande la demanda por arquitectos locales, muchos entrenados en Europa o los Estados Unidos y muy enterados de los estilos de moda predilectos por una clase burguesa ascendente.

El afán de modernización que buscaba eliminar la excesiva ornamentación del pasado se tradujo finalmente en la demolición del Chalet Esteve en 1965 y en su lugar se instaló una estación de gasolina. Ésta cerró en la década de 1990 y en su lugar se estableció un bar de tapas llamado Corcho's que tuvo corta vida; su cierre supuso una invitación para los artistas del graffiti.

In a rush to modernize and sweep away the excessive ornamentation of the past, the Chalet Esteve met the wrecking ball in 1965 and was replaced by a gas station. The gasoline pumps closed in the 1990s and a tapas bar named Corcho's (meaning "corks") was established on the site. Its existence was short, inviting graffiti artists to invade after its closure.

The Mateo Fajardo residence, also on Calle Méndez Vigo in Mayagüez, has experienced many changes over time. The house was originally built during the late 1800s, and was transformed after being hit by a series of natural disasters: a flood in 1899, a hurricane in 1928, and the earthquake of 1918. As a consequence, local architects would experiment with different materials and techniques over previously existing structures.

La Residencia Mateo Fajardo, que también se sitúa en la Calle Méndez Vigo de Mayagüez, ha experimentado muchos cambios a lo largo de los años. La casa se construyó originalmente a finales del siglo XIX y fue transformada después de sufrir la embestida de una serie de desastres naturales: una inundación en 1899, el terremoto de 1918 y un huracán en 1928. Debido a ello, los arquitectos locales experimentarían con diversos materiales y técnicas, además de construir sobre las estructuras existentes.

Todavía perduran algunos de los antiguos rasgos de la Residencia Fajardo: el techo inclinado de madera con su voladizo extendido, las columnas cuadradas del pasillo lateral, el cuarto con celosías fijas en la parte trasera, más alto que el resto de la casa, así como su portón de hierro en la acera. En la actualidad, el edificio cumple funciones residenciales y comerciales; sin duda ha vivido tiempos mejores. Enfrente de la casa se encuentra ahora un poste de electricidad en el mismo lugar donde anteriormente un farol tradicional contribuía, no sólo con la iluminación, sino también a la estética del paisaje urbano.

Old features of the Fajardo residence still remain: the pedimented roof in wood and its extended overhang; the square columns on the lateral hallway; the fixed-louver room to the back, higher than the rest of the house; and the iron gate at the sidewalk. Now combining residential and commercial uses, this building has seen better times. In front of it, an electricity pole stands where a traditional lamppost once contributed not just illumination but to the aesthetics of the urban landscape.

Of all the early twentieth-century models for housing in Puerto Rico, the *casas gemelas*, or "twin houses," were perhaps the most significant. These are two individual residences paired on a lot by a continuous elevation. Primarily rental properties, the gemelas were an attempt to make small towns appear more substantial. Gemelas surface in most urban centers throughout the Hispanic Caribbean. At Mayagüez, many of them line up along Calle Méndez Vigo, but they can be found everywhere on the island.

De todos los modelos de vivienda de inicios del siglo XX en Puerto Rico, el de las "casas gemelas" quizás haya sido el más importante. Se refiere a dos residencias individuales emparejadas en un mismo lote por una fachada continua. Por lo general, las gemelas eran propiedades de alquiler y con ellas se pretendía conferir un perfil más imponente a ciudades pequeñas. Este tipo de vivienda gemela puede encontrarse en gran parte de los centros urbanos del Caribe hispánico. En Mayagüez, muchas de ellas recorren la Calle Méndez Vigo, aunque también abundan en muchas partes de la isla.

Hoy, una de las hermanas se ha visto obligada a vivir sin su gemela. La casa de madera que anteriormente quedaba a un lado fue convertida en un estacionamiento y con ello se ha perdido la continuidad de los balcones con arcos. El impacto de lo que queda de la gemela original se ha visto menoscabado por rejas de hierro, un toldo de aluminio y el anuncio de una lavandería. Pese a ello, el estilo neoclásico emerge expresivo, habiendo demostrado una capacidad extraordinaria para la supervivencia en las Antillas.

Today, one sister has been forced to live without its twin. The formerly adjacent wooden house has been turned into a parking lot. The continuity of the arcaded balconies has been lost. Iron bars, an aluminum awning, and a laundry sign reduce the impact of what remains of the original gemela. Even so, the neoclassical style has proven to be extraordinarily resilient in the Antillean region.

Juan Bianchi, a wealthy owner of many other properties in Mayagüez, commissioned these twin houses from architect Luis Perocier in 1922. Well known as a builder, Perocier was responsible for schools, houses, churches, and other buildings across the island. Slender proportions contrast with the low dwelling on one side and the neighboring garden fence with ornate pillars on the other. During these years, precut wood was imported from the United States and used extensively for construction throughout Puerto Rico.

Juan Bianchi, un acaudalado propietario de varios inmuebles en Mayagüez, encargó la construcción de estas casas gemelas al arquitecto Luis Perocier en 1922. Perocier era un reputado contratista que había levantado colegios, casas, iglesias y edificios diversos en toda la isla. Las esbeltas proporciones contrastan con residencia de una planta (a un lado) y la verja del jardín vecino con pilares ornamentados (del otro). En esta época se importaba madera precortada desde los Estados Unidos, utilizada frecuentemente para las construcciones en todo Puerto Rico.

¿Cuántas joyas arquitectónicas puede una ciudad darse el lujo de perder a manos de las estaciones de gasolina? Así ocurrió con la casa gemela construida por Perocier, borrada del mapa de Mayagüez en la década de 1970. Un único pilar del jardín vecino sugiere su ubicación original. Hoy por hoy, el automóvil es rey en Puerto Rico: las calles están congestionadas, el tráfico es difícil y el consumo de gasolina es alto. Preocupados por el problema, los sectores privado y público han unido esfuerzos a fin de planificar un sistema efectivo de transporte en trenes para los centros urbanos más importantes de la isla.

How many architectural jewels can a city afford to lose to gas stations? That's how the twin house built by Perocier was erased from Mayagüez in the 1970s. Only a single, extant pillar from the neighbor's garden gives away its former location. Cars now reign supreme in Puerto Rico: roads are congested, traffic is difficult, and gas consumption is excessive. Concerned with the problem, public and private sectors have joined forces to plan an effective rail transportation system for the island's most important urban centers.

Commonly referred to as a castle, the Valdés Castle was built in the 1930s on a hill north of Mayagüez. On a spectacular site overlooking the adjoining town, the residence attempted to incorporate the neo-Gothic style by means of pointed arches and sentry boxes. The Valdés Castle had only two rivals in Puerto Rico: the Castillo Serrallés in Ponce and the Castillo de Mario Mercado in Guayanilla. All three belonged to the island's most wealthy and powerful sugar barons.

Bautizada como castillo, la residencia de los Valdés se construyó en los años 1930 en una colina al norte de Mayagüez. En un terreno espectacular que mira hacia la ciudad vecina, la residencia intentaba apropiar estilo neogótico, con arcos ojivales y garitas. El Castillo de los Valdés sólo tiene dos rivales en Puerto Rico: el Castillo de Serrallés, en Ponce, y el Castillo de Mario Mercado, en Guayanilla. Las tres propiedades pertenecían a los hacendados azucareros más adinerados y poderosos de la isla.

El Castillo de los Valdés fue demolido hacia finales de la década de 1950 para dar paso a un estacionamiento asfaltado que pertenece al Mayagüez Resort Hotel & Casino, originalmente construido en 1960 por la cadena hotelera Hilton. Ahora sólo queda el antiguo portón del lado norte de la propiedad, cerca de una enorme torre de apartamentos nombrada, acertadamente, El Castillo. Entre 1910 y 1930 proliferó el eclecticismo en el Caribe, aunque estas recreaciones de períodos arquitectónicos fallaban muchas veces y terminaban en lo caricaturesco—o incluso lo kitsch.

The Valdés Castle was demolished in the late 1950s to pave the way for an asphalt parking lot belonging to the Mayagüez Resort Hotel and Casino, originally built by the Hilton chain in 1960. Only the former gate remains on the property's northern end, near a massive condominium tower aptly named El Castillo. Eclecticism proliferated in the Caribbean from 1910 to 1930, but period re-creations in architecture—frequently motivated by the pursuit of status—often failed and ended up reduced to caricature or kitsch.

The church of Our Lady of Montserrat at Hormigueros dates from early colonial times and established itself across Puerto Rico in the early 1800s. Pilgrims traveled from all over the island and willingly climbed up the dirt path to reach the church. Many did it on their hands and knees as a promise to honor the Virgin Mary. It was a custom to grant room and board for three days to these pilgrims at a hostel behind the place of worship.

La devoción de Nuestra Señora de la Monserrate en Hormigueros data desde los inicios de la Colonia y proliferó en todo Puerto Rico a principios del siglo XIX. Los peregrinos viajaban desde todas partes de la isla y subían con determinación por el camino de tierra hasta llegar a la iglesia. Muchos de ellos lo hacían de rodillas para pagar promesas en honor a la Virgen María. Se acostumbraba concederles techo y comida a los peregrinos durante tres días en un albergue situado detrás del lugar del culto.

Hormigueros ha crecido, al igual que los cipreses que recorren las escalinatas que ayudan a los fieles a subir hasta la iglesia. Los escalones se han pavimentado con ladrillos reciclados. Los visitantes de todas partes de la isla siguen trayendo sus ofrendas; una diversa mezcla de objetos que por lo general se relacionan con el culto a la Señora de Montserrat: pinturas, íconos, imágenes religiosas y objetos de plata. Las construcciones de concreto han reemplazado a las técnicas de construcción antiguas y las calles están asfaltadas. Sin embargo, el encanto de su escala reducida continua vigente.

Hormigueros has grown, and so have cypresses along the stairway that help the faithful reach the church. The steps have been paved with recycled bricks. Visitors from all over the island still come to place offerings: a rich treasure of objects mostly related to the worship of the Lady of Montserrat, such as paintings, icons, religious imagery, and silver items. The town has grown. Concrete construction has replaced the old ways of building and streets are asphalted, but its small-scale charm has never been lost.

In 1938 the Márquez residence in Hormigueros was already close to 150 years old. Its lower floor dates from 1790, when the first owner, José Marciani, a Genovese sailor, lived in it. Sylvia, the little girl with the dog in this photo, represents the sixth generation of his descendants. She stands where the glacis (a drying area for beans) of a large coffee plantation was originally located. Coffee played an important role in Puerto Rico's economy for more than a century, impacting mainly the mountainous regions.

En 1938 la Residencia Márquez en Hormigueros ya había cumplido casi 150 años. Su planta baja data de 1790, cuando moraba en ella el primer propietario, un marinero genovés de nombre José Marciani. Sylvia, la niña pequeña que sostiene al perro representa la sexta generación de sus descendientes. Está de pie en el lugar donde se secaban los granos de café (glacis) en la antigua hacienda cafetalera situada originalmente en este lugar. El café jugó un papel importante en la economía puertorriqueña durante más de un siglo, teniendo su mayor impacto en las regiones montañosas.

La Residencia Márquez ha sido sede de muchos matrimonios y otros eventos familiares. Hace mucho tiempo que ya no se cosecha café en su predio, pero la casa sobrevive igual. Sylvia (en su posición original) se ha encargado de la casa durante muchos años, preservando la estructura con sumo cuidado, así como sus muebles antiguos y diversos objetos tradicionales acumulados a lo largo de los años. El que haya permanecido en manos de la misma familia a través del tiempo, sin duda, la hace una de las casas mejor conservadas de todo Puerto Rico.

Many weddings and other family events have been celebrated at the Márquez residence. Coffee has not been processed here for a long time and yet the house remains unchanged. Sylvia (shown here seventy years after the original photo) has taken care of the home over the years, painstakingly preserving the structure, its historic furniture, and the many traditional objects collected through the decades. The house, having remained in the same family throughout its existence, is one of the best-preserved in Puerto Rico.

Roads constituted the Spanish government's main system of inland communication from the 1700s until 1898. For their upkeep, in the second half of the nineteenth century, houses were built for the road keepers. Most were identical: rectangular, made of rubble and brick, and proudly displaying neoclassical ornamentation. Each constituted a pair of dwellings for two separate heads of family in charge of maintaining one and a half miles to the left and right of the building. Familes would share a lobby, kitchen, and sanitary facilities. Road keepers would clean up after heavy rains and assist travelers.

Entre los años 1700 a 1898, las carreteras constituían el principal sistema de comunicación con que contaba gobierno español para recorrer el país. A fin de mantenerlas en buen estado, en la segunda mitad del siglo XIX se construyeron casas para albergar a los supervisores de su mantenimiento. En su mayoría eran idénticas: rectangulares, hechas de ladrillo y mampostería, y mostraban con orgullo ornamentos neoclásicos. Cada casa albergaba dos viviendas cuyos respectivos jefes de familia tenían a su cargo el mantenimiento de dos kilómetros y medio a la izquierda y a la derecha del edificio. Las familias compartían un vestíbulo común, cocina y las instalaciones sanitarias. Los supervisores de carreteras las limpiaban después de lluvias torrenciales y ayudaban a los viajeros.

Las carreteras se han ensanchado y la vegetación ha cedido, pero la mayoría de las casas de caminero continúa su lugar. Lamentablemente, ya no queda rastro alguno de las copas de los almendros del Barrio Estebanía en Hormigueros. Muchos de estos árboles han sido sustituidos por líneas eléctricas. El mantenimiento de las carreteras sigue siendo asunto prioritario. Las estadísticas sobre el tráfico en la isla son impresionantes: Puerto Rico cuenta con el mayor número de carros por milla de carretera en todo el mundo.

Roads have widened and vegetation has been stripped back, but most road keepers' houses remain in place. At Barrio Estebanía in Hormigueros, sadly, there is no clue of the former canopy of almond trees. Power lines have replaced many of these. Road maintenance is still a priority. Traffic statistics on the island are impressive: there are more cars per mile of road in Puerto Rico than anywhere else in the world.

Looking West, San German Plaza 1910

By the 1920s, traditional towns had changed little, despite more than two decades under the direct influence of the United States. At San Germán, colonial houses face Plaza Mariano Quiñones, named after one of the most distinguished local political and literary figures. Victorian bandstands graced many of Puerto Rico's plazas, adding a touch of playfulness and the exotic, often sheltering musicians, lovers, or children.

Para la década de 1920, a pesar de veinte años bajo la influencia directa de Estados Unidos, las ciudades tradicionales habían cambiado poco. En San Germán, las casonas coloniales se orientaban hacia la Plaza Mariano Quiñones, nombrada así en honor a una de sus figuras políticas y literarias más distinguidas. Glorietas en estilo victoriano adornaron muchas de las plazas del país, añadiendo un toque juguetón, a veces exótico, a menudo alojando músicos, enamorados o niños.

Desde 1960, este espacio ha visto el ir y venir de árboles, fuentes, y patrones de empedrado. Su quiosco hace mucho que desapareció. El área todavía reúne a su alrededor algunas de las instituciones más viejas de la ciudad, que no pueden verse desde este ángulo debido a su extensión longitudinal: la iglesia, la antigua cárcel (que posteriormente se convirtió en el ayuntamiento) y un cine. Durante la década de 1990, las calles vecinas se empedraron con adoquines después de que el área fuera declarada zona histórica.

Every decade since the 1960s, trees, fountains, and different paving patterns have come and gone from this space. The kiosk has long since disappeared. The space still gathers around it some of the town's oldest institutions (not seen from this angle), given its longitudinal extension: the town's church, the former jail (later to become the city hall), and a movie theater. The surrounding streets were paved with cobblestones during the 1990s, when the area was declared a historic zone.

Dating from 1609, Porta Coeli (Gateway to Heaven) in San Germán is acknowledged as one of the oldest churches in the Western Hemisphere. Porta Coeli was erected by Dominican friars at the crest of a hill, adjacent to a convent, of which only ruins remain. The single-nave church was built in rubble masonry with stucco-surfaced walls and a rustic wooden truss roof. In the early twentieth century, it lay abandoned to decay . . . perhaps hoping for Humphrey's Miracle Cure—sold at the kiosk in this photo—to have an effect.

Los orígenes de Porta Coeli (Puerta al Cielo) se remontan a 1609; reconociéndose la iglesia como una de las más antiguas del hemisferio occidental. Situada en San Germán, Porta Coeli fue construida por frailes dominicos en la cima de una colina, junto a un convento del cual hoy sólo quedan ruinas. A principios del siglo XX había quedado en el abandono . . . quizás con la esperanza de que la cura milagrosa de Humphrey (a la venta en el quiosco de la imagen) pudiera rescatarla.

Porta Coeli ha sido plenamente renovada bajo el auspicio del Instituto de Cultura Puertorriqueña, que acometió la restauración como uno de los primeros proyectos de su programa de conservación, iniciado en Puerto Rico hacia el final de los años 1950. La antigua iglesia ahora opera como un museo con pinturas de motivos religiosos y tallas de madera de los siglos XVIII y XIX. A menudo se celebran conciertos y otros espectáculos adentro; se trata sin duda de la atracción turística más importante en el sudoeste de la isla.

Porta Coeli is now fully restored, protected by the Institute of Puerto Rican Culture as one of the first projects of its conservation program, initiated in the late 1950s. The former church operates as a museum of religious paintings and wooden carvings dating back to the eighteenth and nineteenth centuries. Concerts and other events are often held here. It is undoubtedly the most famous attraction in the southwestern part of the island.

From 1860 onward, Domingo Mariani's coffee plantation, La Santa Clara, won awards in Europe for the quality of its coffee, produced in a remote barrio within the mountains of Yauco. An emigrant from Corsica, Mariani harvested 1,300 acres of land. To dry coffee beans in the sun, trays on rollers were built that could be shelved under adjacent sheds 200 feet long. In 1890 the owner's house, with a long veranda (left), enjoyed a small formal garden with a picket fence. A larger fence, where the men stand, borders the road.

Desde 1860 en adelante, la hacienda de café Santa Clara, propiedad de Domingo Mariani, ganó premios europeos por la calidad de su café, producido en una localidad remota en las montañas de Yauco. Mariani, un inmigrante corso, cosechaba unas 500 hectáreas de tierra. Para secar los granos de café al sol, se construyeron bandejas sobre rodillos que podían almacenarse en cobertizos de 70 metros de largo. En 1890 la casa del propietario contaba con un largo balcón (a la izquierda) y un pequeño jardín con una valla de estacas. Una verja más larga, frente a la que están parados los hombres, bordea la carretera.

La vieja casa de hacienda sigue en pie en el Barrio Río Prieto, al norte de Yauco. La Casa Grande ha sobrevivido con orgullo, aunque ya no cumple su función original. La vieja chimenea de ladrillos, los tanques de lavado y un molino de madera hidráulico de 20 pies de diámetro languidecen en el lote. Los rodillos han desaparecido y ya sólo quedan los orificios de sus cimientos de madera. La hacienda siguió cosechando algo de café hasta la década de 1970 y los descendientes de la familia han comenzado a sembrarlo nuevamente con la mira puesta en el mercado gourmet internacional.

The old plantation home still stands in Barrio Río Prieto, north of Yauco. La Casa Grande—the "big house"—survives proudly, even if now devoid of its original purpose. An old brick chimney, the washing tanks, and a hydraulically powered wooden wheel with a twenty-foot diameter linger on the site. The rollers are gone, and only the holes of their wooden foundations are left. Some coffee was produced here until the 1970s. Family descendants are again growing coffee today, focusing on an international gourmet market.

Rafael Carmoega, the architect responsible for the capitol building in San Juan, designed the city hall of Adjuntas in 1927. An extremely successful and eclectic architect, Carmoega was comfortable working in the most diverse styles, whether neoclassical, neo-Gothic, Art Deco, or Modern. He chose the Spanish Revival style here, using red clay roof tiles. He also included a chamfered corner, a popular architectural device at the time for highlighting the entrances of buildings at street intersections.

Rafael Carmoega, el arquitecto responsable por el edificio del Capitolio en San Juan, también diseñó el Ayuntamiento de Adjuntas en 1927. Carmoega, un arquitecto sumamente exitoso y ecléctico, trabajaba indistintivamente en estilos muy diversos, desde el neoclásico y neogótico, pasando por el Art Deco y la expresión moderna. Para este edificio, se decantó por el "revival" español, empleando tejas de barro en el techo. Carmoega también incorporó una esquina achaflanada, en aquel entonces un recurso común para destacar las entradas de los edificios ubicados en las intersecciones de calles.

El Ayuntamiento de Adjuntas se ha mantenido en buenas condiciones, ahora pintado en tonos bastante llamativos. Después de todo, las preferencias de color suelen ser un tema mucho más vinculado a la moda que al buen gusto o a la cultura. Todos los aspectos del "revival" español se mantienen intactos. La torre achaflanada ahora exhibe un reloj y las puertas y ventanas de madera han sido reemplazadas con piezas de aluminio. La gente suele llenar las aceras con regularidad, pues la mayoría de lo compueblanos insiste en hablar con el alcalde directamente.

Adjuntas has maintained its city hall in good condition, having recently painted it in rather striking hues. Color preferences are, after all, much more an issue of fashion than of taste or culture. All Spanish Revival details are intact. The chamfered tower now displays its clock, and wooden doors and windows have been replaced by aluminum windows. People regularly crowd the sidewalks around the building, as most individuals insist on talking to the mayor in person.

In 1916 Ponce's Degetau Plaza enjoyed a new fountain and street lighting, with recently buried power lines. An old obelisk commemorating the 1812 constitution and the so-called Arab kiosk disappeared in order to accommodate a new basin festooned with fish, sirens, and cherubs in cast stone. Ironically, the obvious desire to embrace the most sophisticated modes of recreation in European culture was betrayed by the local reality: a double chain barrier that discouraged washing in the fountain.

En 1916 la Plaza Degetau de Ponce estrenó una nueva fuente y alumbrado público a través de líneas eléctricas soterradas. Un viejo obelisco que conmemoraba la constitución de 1812 y el llamado quiosco "árabe" desaparecieron para dar paso a un estanque engalanado con peces, sirenas y querubines forjados en piedra. Irónicamente, las realidades del entorno local traicionan el ansia de adoptar las costumbres recreativas más sofisticadas de Europa: una barrera con doble cadena disuadía a cualquiera que quisiera refrescarse en la fuente.

La fuente que hoy en día atrae a los visitantes a la plaza principal de Ponce se instaló a principios de los años 1940, después de la demolición de su homóloga de 1916. Su amplitud y baja altura constituyen una invitación a sentarse y contemplar. La rodean cuatro leones; el león constituye uno de los símbolos de mayor prestigio en la ciudad de Ponce. En las noches, se proyectan luces de colores sobre el agua, creando un ambiente festivo para quienes visitan la plaza en interés de divertirse o simplemente tomar el aire fresco.

The fountain that today attracts everyone to Ponce's main plaza was incorporated to the space in the early 1940s when its 1916 counterpart was demolished. It is large and low, inviting passersby to sit and watch. Four lions surround it. The lion is one of Ponce's most highly regarded city symbols. Color lights are projected into the water at night, achieving a festive effect for those that regularly crowd the plaza for recreation or a breath of fresh air.

In Ponce, the city hall, called Casa Alcaldía, stands south of Plaza Las Delicias. It was designed in 1843 and originally used as a jail. The pedimented facade included a clock, a weather vane, a running balcony, and "stone blocks" rendered in the *trompe l'oeil* technique: using paint over a flat surface to give a three-dimensional effect. Proportions, however, betray the intended bas-relief effect, for cut stone is not customarily used in such dimensions. The lack of quarrying on the island limited the use of stone in grand buildings.

El Ayuntamiento de Ponce se sitúa al sur de la Plaza Las Delicias. Inicialmente, el edificio sirvió de cárcel. Su fachada con frontón clásico, fue diseñada en 1843, incluye un reloj, una veleta, un balcón y "bloques de piedra" decorados con la técnica trompe l'oeil. Sin embargo, las proporciones de algún modo traicionan el efecto de bajorelieve que se pretende crear pues habitualmente no se emplea la piedra tallada en semejantes dimensiones. La ausencia de canteras en la isla limitaba el uso de piedra en la construcción de edificios de gran escala.

La Municipalidad de Ponce ha logrado mantener su lugar junto a la plaza, si bien la Casa Alcaldía ha sido objeto de innumerables mejoras y renovaciones. En la actualidad, dos pares de pilastras se encuentran a los costados del pórtico de entrada; una réplica de las mismas en escala reducida puede apreciarse arriba, junto al reloj. El portón de entrada, de hierro ornamentado, fue labrado en los años 1940. Su fachada a menudo queda oculta por estructuras de madera provisionales instaladas para los diversos eventos y celebraciones que aquí se presentan, lugar clave para la vida pública.

The Municipality of Ponce has succeeded in retaining its seat next to the plaza, even if Casa Alcaldía has been subject to countless facelifts and refurbishments. Two pairs of pilasters now flank the entrance portico; these are echoed in reduced scale on top, next to the clock. The entrance gate, in ornamental iron, was crafted in the 1940s. Temporary wooden structures often obscure this facade, as countless events and celebrations are held here, a choice location in the city center.

In 1882 Spain approved the construction of a fire station to address Ponce's increasing population. Lieutenant Colonel Máximo Meana, a military architect, designed the structure. The wooden pavilion, located behind the cathedral, was first used to host Ponce's exposition, which began that year. One year later, the pavilion became the headquarters of the Ponce Fire Corps, and was painted red and black. Its name, Parque de Bombas, comes from the mobile hand-pumped firefighting units, or *bombas*, housed in the building.

En 1882 España autorizó la construcción de una estación de bomberos para atender a la población creciente de Ponce. La estructura fue diseñada por el Teniente Coronel Máximo Meana, un arquitecto militar. El edificio de madera, situado detrás de la catedral, se usó por vez primera ese año para hospedar la Feria Exposición de Ponce. Un año después, el edificio se convirtió en la sede principal del Cuerpo de Bomberos de Ponce y se pintó de negro y rojo. Su nombre, "Parque de Bombas," responde a las unidades de bombas manuales móviles que albergaba el edificio.

Esta estructura, situada detrás de la Catedral de Nuestra Señora de Guadalupe, funcionó como la estación de bomberos de Ponce durante 107 años hasta 1990. En 1991 pasó a ser un pequeño museo para exhibir artefactos utilizados por el cuerpo de bomberos durante su batalla de veinte y dos días contra el incendio de 1883, que amenazó a toda la ciudad. Durante décadas, los padres de familia han traído a sus hijos a este lugar para jugar a los bomberos, sonar las campanas de los viejos carros y disfrazarse con sus chaquetas y cascos.

The pavilion, located behind Our Lady of Guadalupe Cathedral, served Ponce as firehouse until 1990, a total of 107 years. In 1991 it became a small museum of artifacts used by the fire brigade in its twenty-two-day battle to combat the 1883 fire that threatened the city. Long before the firefighting operations were moved, the station attracted countless visitors. For decades, parents have enjoyed bringing their children here to watch them don firefighters' coats and hats, and sound the bell on top of the old fire carts.

This 1906 photo shows Ponce celebrating Puerto Rico's first eight years under U.S. administration. Civilians watch a parade from the southeast corner of the town's main plaza as vehicles approach the city hall. A commemorative arch in the Gothic Revival style had been built temporarily for the festivities. In the center, women watch from a basket suspended above the street. More people are watching the parade from private balconies, and others crowd the flat, terraced roof of Puerta del Sol, a popular hardware store.

Esta foto de 1906 ilustra a Ponce celebrando los primeros ocho años bajo la administración estadounidense. El público observa un desfile en la esquina sudeste de la plaza principal de la ciudad, en tanto unos vehículos se acercan al Ayuntamiento con motivo de las festividades. Se construyó temporalmente un arco conmemorativo en el estilo "revival" gótico. Una "cesta" llena de señoritas cuelga en el centro mientras el público observa desde distintos puntos. Algunos lo hacen desde balcones privados, mientras que otros desbordan la terraza de la ferretería Puerta del Sol.

En menos de quince años, los edificios al lado de la plaza cambiaron drásticamente. Las dos instituciones más importantes de Ponce se situaron al lado de la otra en este lugar: Banco de Ponce (1917) y Banco de Crédito y Ahorro Ponceño (1920). El primero sustituyó a una gran casa de madera, mientras que el segundo ocupa el predio donde estaba Puerta del Sol. Hoy en día, en ellos se alojan Banco Popular y Banco Santander. El Callejón del Amor sigue separando los dos edificios, aunque hasta el día de hoy el nombre elude explicación alguna.

In less than fifteen years, buildings next to the plaza changed dramatically. Ponce's two most important institutions were established here, next to each other: Banco de Ponce (1917) and Banco Crédito y Ahorro Ponceño (1920). The first replaced a large wooden house; the second stands where Puerta del Sol used to be. Banco Popular and Banco Santander are the buildings' occupants today. Between the two buildings still runs *callejón amor*, or "love alley," whose name defies explanation to this day.

Ponce, the most important commercial city on the island in the nineteenth century, has long been known as *la ciudad señorial*, or "the majestic city." It was home to many of the island's poets, painters, and politicians. Belle Epoque Ponce boasts its own urban character, with ample streets, wide sidewalks, streetcars, and richly ornamented houses with exuberant gardens. All along Calle Marina in this 1900 image, porches are generous and many residences include louvered galleries in wood on the second floor.

Ponce, la ciudad comercial más importante de la isla en el siglo XIX, siempre se ha conocido como "La Ciudad Señorial", habiendo sido el hogar de poetas, pintores y políticos de isla. Con sus rasgos de la Belle Epoque, Ponce se ufana de tener su propia personalidad urbana, con calles amplias, aceras anchas, tranvías y casas con ornamentación sofisticada y jardines exuberantes. En esta foto de 1900, a lo largo de toda la Calle Marina residencias muestran sus generosos balcones, muchas de ellas con galerías de celosías en el segundo piso.

La Calle Marina se ha transformado en una arteria vial compleja y ha perdido gran parte de su majestuosidad. Da la impresión de que sus edificios se hubiesen encogido; de hecho son todos mucho más bajos. Gran parte de las residencias se ha convertido en oficinas, toda vez que un gran número de familias se ha mudado del centro de la ciudad. En 1992, se erigió un monumento para honrar los logros de la mujer en una esquina donde previamente existía un jardín triangular. Más al fondo se encuentra la Iglesia Evangélica Unida (1910) decorada al estilo gótico "revival."

Calle Marina has become a more diversified artery and has given up most of its grandeur. Buildings appear to have shrunk; they are certainly much lower. Many residences are now offices, as families have moved away from the center of town. Trees and fences have been removed to accommodate automobiles. In 1992, at the corner lot where a triangular garden once stood, a monument to honor women's achievements was installed. The 1910 United Evangelical Church, built in the Gothic Revival style, stands behind it.

32 - CALLE MAYOR, PONCE
COPR. RODRIGUEZ SERRA, PONCE

During the first decade of the 1900s, Ponce was the center of progress. Calle Mayor cut proudly through the center of town, connecting it to the important port area. The streetcar line named "Playa" (beach) brought people back and forth, passing by many of the recently built elegant houses of the bourgeoisie. In 1917 local architect Alfredo Wiechers, who trained in Paris, designed the Blasini residence, whose four imposing Corinthian columns can be seen to the right of the streetcar.

Ponce fue el centro del progreso en Puerto Rico durante la primera década del siglo XX. La Calle Mayor atravesaba con orgullo el centro de la ciudad para conectar con la importante zona portuaria. Esta línea del tranvía, llamada "Playa," llevaba y traía a la gente, pasando frente a las nuevas y elegantes residencias de la burguesía. En 1917 el arquitecto local Alfredo Wiechers, licenciado en París, diseñó la Residencia Blasini, cuyas cuatro imponentes columnas corintias pueden apreciarse a la derecha del tranvía.

Habiendo servido bien a sus dueños, mucha de las grandes casas se convierten en oficinas, clubs, restaurantes—para acabar como víctimas del abandono y el vandalismo. Por suerte, la Residencia Blasini fue rescatada a tiempo. En 2003 la Cámara de Comercio del Sur adquirió la propiedad en interés de restauraria para convertirla en su sede. En Ponce todavía sobreviven otras obras importantes de Alfredo Wiechers. A los estudiantes de arquitectura aún cautiva su uso creativo de pisos de mosaico hidráulico, cristales teñidos y bajorrelieves ejecutados en estuco para adornar espacios interiores.

Having served their owners, many grand houses' destinies seem to be as offices, clubs, restaurants—and eventually as victims of vacancy and vandalism. The Blasini residence, luckily, was rescued in time. In 2003 the Southern Chamber of Commerce acquired the property to restore it for their headquarters. Other important works of Wiechers still survive in Ponce. Students of architecture are consistently enthralled by his creative use of hydraulic mosaic floors, colored glass, and stucco bas-reliefs on interior spaces.

Between 1910 and 1916, every house that architect Blas Silva Boucher built in Ponce appeared to be an experiment in ornamentation. In the house he built for Dr. Manuel de la Pila Iglesias on Calle Marina, the neolassical style was stretched to its limits. Sadly, the house did not survive beyond the 1970s. The adjacent clinic, determined to provide parking space for its patients, demolished the home of its founder.

Entre 1910 y 1916, las casas construidas en Ponce por el ingeniero Blas Silva Boucher parecían complacerse en experimentar con la ornamentación. En la casa que construyó para el Dr. Manuel de la Pila Iglesias en la Calle Marina, el estilo neoclásico se explota hasta sus límites. Lamentablemente, la casa no sobrevivió más allá de los años 1970. Para entonces la clínica aledaña, fundada por el Dr. de la Pila, decidió demoler la casa de su fundador para proveerle estacionamiento a sus pacientes.

El único referente que aún subsiste de la foto anterior es el techo de tejas a la izquierda. En 2002 un complejo de apartamentos de varios pisos llamado Estancias de Aragón llenó el vacío que produjo la desaparición de la residencia del Dr. Pila. Aragón es uno de varios proyectos desarrollados en "la ciudad señorial" como parte de un programa de renovación iniciado en 1987, cuyo objetivo es promover vivienda en los lotes vacíos del centro histórico y la conservación de la estética urbana tradicional.

The only reference to the original structure is in the tiled roof seen here on the left. In 2002 Estancias de Aragón, a multistory apartment complex, filled the void left by the demise of Dr. Pila's residence. Its more conventional, spare design contrasts with the flamboyance of Blas Silva's creation. Aragón is one of many projects constructed in Ponce as part of a redevelopment program. Started in 1987, this program has promoted infill housing within the historic center, as well as the preservation of traditional streetscapes.

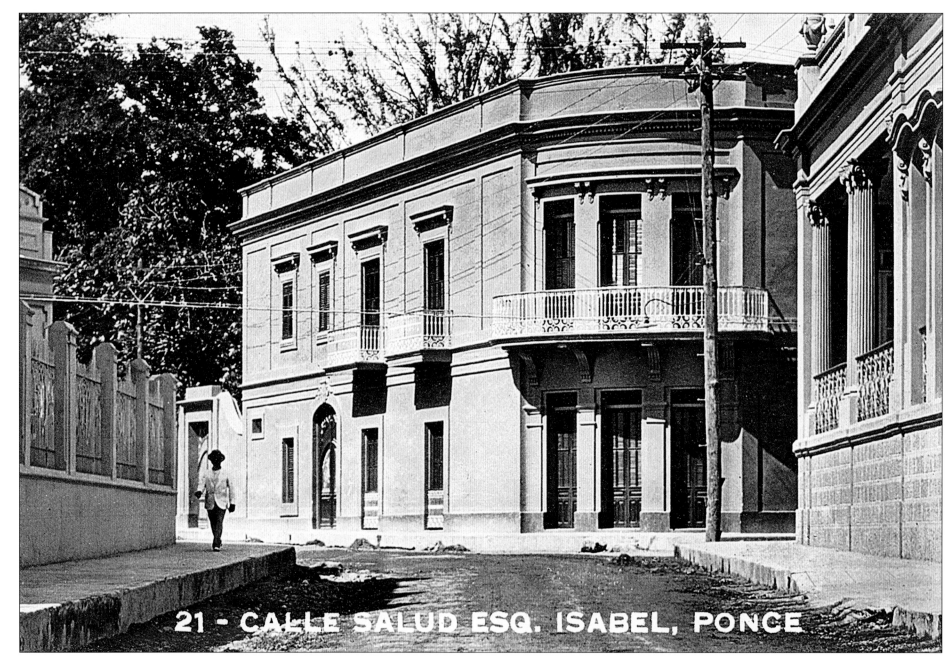

21 - CALLE SALUD ESQ. ISABEL, PONCE

Around 1910, the owners of the Wirshing-Sastre house improved their old Spanish Colonial property at a key intersection in town. Restrained in style, their residence contrasted with other dwellings that displayed French and Catalonian influences. They refurbished their building's facade to reflect more contemporary tastes and chamfered the corner of the structure. In Ponce, legislation dating back to 1867 required all owners remodeling a corner building to provide "smoother" transitions to avoid turns at right angles.

Alrededor de 1910, los propietarios de la casa Wirshing-Sastre introdujeron mejoras a su vieja propiedad colonial española en una de las intersecciones más importantes de la ciudad. De estilo discreto, su residencia contrastaba con otras viviendas que exhibían las influencias francesas y catalanas. Los dueños renovaron la fachada de su edificio para imprimirle un sello más contemporáneo e incorporaron una esquina achaflanada a la estructura. En Ponce, una ley de 1867 exigía a todos los propietarios que remodelasen un edificio esquinero a introducir transiciones más "suaves" para evitar girar en ángulo recto.

La casa Wirshing-Sastre ha visto cómo han desaparecido algunos de sus edificios vecinos. Puertas adentro, la familia ha conservado la escalera grandiosa que sube desde el vestíbulo de la planta baja hasta la sala y el comedor. Ambos espacios están adornados por cielorrasos de estaño, marcos de madera y montantes georgianos. En los años 1920 se añadió una terraza a la estructura, incorporando azulejos y rejas de hierro ornamental con motivos florales. En la calle se respira un aire más cordial: las aceras están adoquinadas y los robles rosa brindan sombra.

The Wirshing-Sastre house has witnessed the disappearance of some of its neighboring structures. Inside, the family has retained the grand staircase that leads from the ground-floor foyer to the living and dining room areas. Tin ceilings, wooden door frames, and Georgian transoms bedeck both spaces. A terrace was added after the 1920s, incorporating glazed tiles and daisy motifs in ornamental iron grills. Outside, streets have become more amicable: sidewalks have been paved, and pink oaks now provide shade.

In 1906, 1907, and 1908, firefighters working on a voluntary basis for the city of Ponce were rewarded for their services in a unique way. Any one of them could win a house; one was raffled each year, built of wood on property privately donated for the purpose. Blas Silva Boucher, working for the municipality, designed the prototype. On each dwelling's ridge, a tin sheet reads *Ponce a sus bomberos*, literally translated as "to its firemen." A firefighter's hat and ladder cap the roof of each house.

En 1906, 1907 y 1908 se recompensó de manera original a los bomberos que trabajaban voluntariamente para la ciudad de Ponce. Cualquiera de ellos podía ganar una casa de madera de las que se sorteaban anualmente en un predio donado para tal propósito. El ingeniero Blas Silva Boucher, empleado por la municipalidad, diseñó el prototipo. Sobre la cumbrera de cada casa, en una placa de estaño podían leerse las palabras: "Ponce a sus bomberos." Un casco de bombero y una escalera decoran el techo de cada morada.

Los colores rojo y negro, representativos del escudo de la ciudad, aún confieren un perfil singular a las casas de los bomberos de Ponce. Descendientes de los propietarios originales siguen viviendo ahí. En 1987 muchas residencias fueron objeto de renovaciones; se repararon los techos y cambiaron las ventanas de madera por otras de celosías en metal. Lamentablemente, se dispuso de los ornamentos de estaño. La calle lleva por nombre 29 de enero, para conmemorar el día de 1883 cuando un incendio de grandes proporciones amenazó con devastar el centro de la ciudad, tragedia que evitaron los bomberos voluntarios.

Red and black, the city's armorial colors, still grant a distinctive profile to the firefighters' houses in Ponce. Raffles haven't been held for decades, but descendants of the original owners still live there. In 1987 many residences were refurbished; roofs were fixed and wooden windows were changed for metal-louvered ones. Unfortunately, the tin ornaments were removed. The street is named 29 de Enero (January 29) to commemorate the day in 1883 when a fire threatened the center of town and the firefighters saved the city.

Parque Abolición was created by decree in 1881. Ponce city counselor Joaquín Barnés Mayoral had raised a petition to the king of Spain requesting that a park be erected to celebrate the abolition of slavery in the Antilles. King Alfonso XII agreed on one condition—that a similar one be erected in San Juan. That one never materialized, but in Ponce many prominent men contributed money for the project, including Robert Graham, a Scottish iron foundry owner, who supplied the perimeter fence.

En 1881 se ordenó por decreto la construcción del Parque de la Abolición. El concejal de la ciudad de Ponce, Joaquín Barnés Mayoral, había enviado una petición al Rey de España para que se creara un parque que conmemorara la abolición de la esclavitud en las Antillas. Alfonso XII aceptó con una condición, que se construyera uno similar en San Juan. El de la capital nunca llegó a materializarse, pero en el caso de Ponce, muchos hombres importantes aportaron dinero, entre ellos Robert Graham, el propietario escocés de una fundición de hierro que donó la valla del perímetro.

El Parque Abolición vivió una drástica transformación en 1956. Las plazas de toda la isla habían comenzado a integrar conchas acústicas para albergar bandas musicales. Gracias a la suya, Ponce podia ufanarse de contar con lugar propio para los espectáculos al aire libre. Simultáneamente, se integraron al parque un obelisco y una escultura de bronce (obra del artista local Víctor Cott) y se extendieron los pilares originales para instalar nuevas luces. La municipalidad remodeló el parque en 2007, mejorando el diseño de sus jardines.

Parque Abolición underwent a dramatic transformation in 1956. Band shells were being featured in plazas throughout the island. With the one added to this park, Ponce could claim its own venue for open-air performances. At the same time, an obelisk and bronze sculpture (by local artist Víctor Cott) were incorporated. The original pillars of the perimeter fence were extended to hold new lighting fixtures. In 2007 the municipality remodeled the park and improved the landscaping.

Ponce's wealth at the turn of the twentieth century was generated by its port activities, and the economic hub was the wharf area. La Constancia (Perseverance) was established in 1912 as a cannery, and also sold pasta. Two pediments of the building's facade face the tram route. At its corner, the structure chamfers at street level, but refuses to do the same on the upper floor. In 1922 life around Ponce's docks inspired naturalist author Manuel Zeno Gandía to write his important novel *El negocio* (*The Deal*).

A principios del siglo XX, la riqueza de Ponce surgía de las actividades portuarias y su muelle era el centro económico de la ciudad. Fundada en 1912, La Constancia operaba como una envasadora que también vendía pastas. La ruta del tranvía pasaba frente a los dos frontispicios de su fachada. La estructura incorpora un chaflán en la esquina a la altura de la calle, aunque no así en el piso superior. El mundo de la zona portuaria de Ponce sirvió de inspiración en 1922 al escritor naturalista Manuel Zeno Gandía para escribir su importante novela, *El negocio*.

La economía local experimentó una contracción en las décadas de 1950 y 1960, producto de la disminución de la actividad portuaria a raíz de la pérdida del valor del azúcar. El piso de arriba de la antigua fábrica de pastas ha desaparecido y con él sus ventanas de guillotina. El edificio se usa en la actualidad como depósito de materiales y equipo. Un techo rudimentario ahora cubre su planta baja y muchas de sus puertas se han tapiado con ladrillos. En la esquina, el voladizo arqueado conserva su colgante decorativo como el único recuerdo del pasado bullicioso de esta estructura.

With port activity falling as the value of sugar declined in the 1950s and 1960s, the local economy contracted. The upper floor of the former pasta factory has vanished, taking along its sash windows. The building now stores materials and equipment. Its ground level has been crudely roofed over and many of its doors have been bricked up. In the corner, the arched overhang has retained its decorative pendant, the only extant clue to the structure's industrious past.

Tourism flourished in the 1960s throughout the world and especially in Puerto Rico. The Intercontinental was the first modern resort hotel to be built in southern Puerto Rico. It was designed by William B. Tabler, J. C. Mayer, and J. B. Robinson Associates, a New York firm. Opened in 1960, it was located on the highest plateau overlooking the city, with grounds extending over twenty-two acres. The hotel featured a circular pool with cabanas around it, balconies curved toward the view of the Caribbean, and a sculptural staircase that contemporary media described as "Martian-like."

El turismo disfrutó de un auge mundial en los años 1960 y especialmente en Puerto Rico. El Ponce Intercontinental fue el primer hotel moderno construido al sur de Puerto Rico. Lo diseñó la firma neoyorquina William B. Tabler, J. C. Mayer, and J. B. Robinson Associates. Abrió sus puertas en 1960 y descansaba sobre la meseta más elevada con vista a la ciudad; sus terrenos se extendían por más de 8 hectáreas. El hotel contaba con una piscina circular y cabañas a su alrededor, balcones curvos con vistas al Caribe y una escalera majestuosa que los medios de comunicación de la época describían como "de otro planeta."

Durante más de una década el Hotel Ponce Intercontinental hospedó a artistas, políticos y miembros destacados de los círculos sociales. Cerró sus puertas en 1975, pero el gobierno de Puerto Rico adquirió el edificio abandonado en 1985. Fue utilizado temporalmente como un refugio para los habitantes de Mameyes, una comunidad vecina que perdió sus hogares después de aguaceros torrenciales. Una vez que se logró reubicar a estos ciudadanos, el hotel fue puesto a la venta y, después de un extenso proceso judicial, fue vendido a su propietario actual, que planea reinaugurarlo como hotel.

For more than a decade the Intercontinental Hotel played host to artists, politicians, and prominent socialites. It closed its doors in 1975. In 1985 the government of Puerto Rico bought the structure, by then abandoned. It was used as a temporary refuge for the people of Mameyes, a neighboring community who lost their homes in a mudslide after heavy rains. Once these citizens had been relocated, the hotel was put on sale and, following a long dispute, was sold to its current owner, who plans to reopen it as a hotel.

Founded in 1803 as a convenient stopover for inland travelers, Barranquitas is a small town nestled in Puerto Rico's central mountain range. By the 1940s (the time of this photo), municipalities perched up in the hills were still reached by the old, narrow, winding roads originally laid out by the Spaniards. The trip from San Juan would take more than three hours.

Fundado en 1803 como parada conveniente para quienes viajaban al interior del país, Barranquitas es una pequeña ciudad situada en la cordillera central de Puerto Rico. Para la década de 1940 (época a la que pertenece esta foto), todavía se llegaba a las municipalidades situadas en sus colinas por medio de las viejas y angostas carreteras de curvas que construyeron originalmente los españoles. El viaje desde San Juan demoraba más de tres horas.

Hoy en día, el trayecto a Barranquitas tarda menos de una hora y su población alcanza los 30,000 habitantes. En la ciudad se encuentran enterrados los restos de los destacados políticos locales, Luis Muñoz Rivera (nacido aquí en 1859) y su hijo, el Gobernador Luis Muñoz Marín (nacido en San Juan en 1898). Cada 21 de julio se conmemoran las vidas de estos respetados líderes y la gente disfruta de una de las ferias de artesanías más antiguas y completas de la isla, en la que se exhiben tallas de madera, cerámicas, joyas y platos de la cocina típica.

Today less than one hour from San Juan, Barranquitas houses a population of 30,000. It is the burial place of prominent local politicians Luis Muñoz Rivera (born here in 1859) and his son, Governor Luis Muñoz Marín (born in San Juan in 1898). Every year on July 21, people pay tribute to these respected leaders and enjoy one the oldest and most complete craft fairs held on the island, showcasing wood carvings, ceramics, jewelry, and native food.

This 1899 image shows coffee growers standing in front of the church at Coamo drying their beans, which were brought here in wooden containers carved from tree trunks. The Church of Saint Blaise was first built with mud walls around 1650 and finally finished off in 1784. It seems large in comparison to other places of worship in Puerto Rico, but it served an extended territory soon to be split into several municipalities. In style, the structure recalls late Baroque churches erected in Latin America.

En esta foto de 1899 puede apreciarse a los trabajadores del café, enfrente de la iglesia en Coamo, quienes secan los granos transportados a ese lugar en contenedores fabricados con madera tallada de los troncos. La construcción de la Iglesia de San Blás comenzó cerca de 1650 en muros de barro y terminó en 1784. Aunque parece grande en comparación con otros lugares de culto en Puerto Rico, su tamaño respondía al extenso territorio que debía abarcar, uno que pronto se dividiría en varias municipalidades. Su estilo evoca la estructura de las iglesias barrocas tardías de América Latina.

El huracán San Felipe de 1928 barrió con la industria cafetalera de Coamo. La iglesia ha tenido que soportar años de abandono, temblores y reparaciones, pero continúa en uso. Su atrio todavía exhibe la verja de hierro diseñada por el arquitecto Vicente Miró en 1896. La plaza funge como el telón de fondo del Medio Maratón de San Blás, una carrera que atrae a atletas locales e internacionales. Durante siglos, los turistas han venido a Coamo a disfrutar de sus baños termales, que supuestamente tienen propiedades curativas. El arquitecto Frank Lloyd Wright visitó el Hotel Baños de Coamo en 1926.

Hurricane San Felipe of 1928 swept away the coffee industry in Coamo. The church has endured neglect, tremors, and repairs, yet it remains in use. Its atrium still boasts the iron fence designed in 1896 by architect Vicente Miró. The plaza acts as the backdrop to the San Blás Half-Marathon, a race that attracts international and local athletes. For centuries, visitors to Coamo have enjoyed its thermal baths with alleged healing powers. Architect Frank Lloyd Wright visited the Coamo Springs Hotel in 1926.

Men brought coffee from remote locations to dry it in the Lares plaza for a fee. Two weeks are needed for beans to dry—or more, if it rains. Life was hard in 1899. Two years earlier, the municipal assembly has closed the Church of St. Joseph of the Mountains because of its roof's deterioration. In 1868 an insurrection against Spain was hatched in the town. It involved between 600 and 1,000 Puerto Ricans, and was put down the same day. The event is commemorated yearly.

Los sembradores traían el café de lugares remotos y pagaban por el derecho a exponerlo al sol en la Plaza Lares. Se requieren dos semanas para secar los granos de café—a menos que llueva. La vida no era fácil en 1899. Dos años antes la Asamblea Municipal había decidido cerrar la Iglesia de San José de la Montaña debido al deterioro de su techo. En 1868 se fraguó una insurrección contra España en la ciudad. En ella participaron entre 600 y 1,000 puertorriqueños, pero fracasó el mismo día.

Todo ha cambiado en Lares. La Iglesia de San José de la Montaña fue reconstruida con materiales contemporáneos en 1930, añadiéndosele una torre de cuatro niveles. La escalera aún se derrama desde el atrio elevado hasta la plaza, que ahora está pavimentada y decorada con árboles y un busto de Ramón E. Betances, figura clave de la insurrección de 1868. En el suelo, llama la atención un bajorrelieve hecho por Elizam Escobar, titulado "Homenaje a la Insurrección de Lares" (2004). La mayoría de los visitants hoy ignora por completo que hace un siglo la gente dependía de este sitio para su subsistencia.

Everything has changed at Lares. In 1930 St. Joseph of the Mountains was rebuilt with contemporary materials. One four-level tower was added. A stair still cascades from the raised atrium to the plaza, now paved and decorated with trees and a bust of Ramón E. Betances, a key figure behind the 1868 uprising. On the floor, a 2004 bas-relief by Elizam Escobar entitled *Homage to the Lares Insurrection* attracts attention. Most visitors are unaware that a century ago men depended on this space for subsistence.

During the Great Depression, relief programs like Franklin D. Roosevelt's New Deal and its local corollary, the Plan Chardón, fueled the construction of educational facilities throughout Puerto Rico. Art Deco was in fashion and many schools on the island became standard-bearers of the new style. The Luis Ramos González Elementary School in Caguas (1938) echoes the Ana Roqué High School in Humacao. Concrete is the material of choice, and the one most suited to express Art Deco's curved corners and iterative edges.

Durante la Gran Depresión, programas de estímulo económico como el New Deal de Franklin D. Roosevelt y su contraparte local, el Plan Chardón, impulsaron la construcción de facilidades educativas en todo Puerto Rico. El estilo Art Deco estaba en boga y muchos planteles en toda la isla se convirtieron en estandartes del nuevo estilo. La Escuela Luis Ramos González de Caguas (1938) hace eco de la Escuela Ana Roqué de Humacao. El concreto fue el material predilecto dada su idoneidad para expresar las curvas y bordes reiterativos del Art Deco.

El edificio funciona hoy como una escuela intermedia. El programa dinámico de construcción de escuelas que comenzó en los años 1930 finalmente se tradujo en más de 3,000 edificios dedicados a la educación y a la americanización del país. A pesar del relativo ajoro con que el gobierno acometió la edificación de estas estructuras, muchas de ellas terminaron siendo ejemplos arquitectónicos notables en materia de ubicación, diseño y detalle.

The building now serves as a junior high school. The active school-building program initiated in the 1930s eventually led to the construction of more than 3,000 buildings dedicated to education—and Americanization. In spite of the relative rush with which the government set out to build these facilities, many of them turned out as superb architectural examples of siting, design, and detailing.

Two thoroughfares connect San Juan from North to South, Avenida Ponce de León and Avenida Muñoz Rivera. Roosevelt Avenue, shown here in 1955, cuts across these, extending west toward the hills of San Patricio. Dedicated to livestock farming for many years, these lands later experienced a dramatic transformation. The first shopping center built in Puerto Rico would soon rise to the south. The grounds extending north would shortly witness the development of Puerto Rico's prime banking area.

En 1955 dos arterias conectaban el norte y el sur de San Juan; la Avenida Ponce de León y la Avenida Muñoz Rivera. La Avenida Roosevelt atraviesa ambas perpendicularmente y se extiende en sentido oeste hacia las colinas de San Patricio. Después de años dedicados al negocio ganadero, las tierras que aparecen en esta imagen están a punto de experimentar una drástica transformación. Muy pronto, el primer centro comercial de Puerto Rico se establecerá en el sur, mientras que los terrenos que se extienden hacia el norte, pronto serán testigos del desarrollo de la zona bancaria.

En la actualidad, la moderna estación de pasajeros del Tren Urbano (el nuevo sistema de trenes destinado a cubrir una parte de la zona metropolitana de San Juan) domina la intersección. El centro comercial construido durante la década de 1960 se demolió para dar cabida a la estación, pero la zona bancaria se ha visto beneficiada por el mejor acceso que brinda el transporte masivo. Tren Urbano opera desde 2005 y comprende 16 estaciones a lo largo de una ruta que une a la ciudad capital con otras dos municipalidades: Guaynabo y Bayamón.

The intersection is now dominated by an impressive station for passengers of Tren Urbano, the new train system implemented to minimize traffic in San Juan's metropolitan zone. The shopping center built during the 1960s was demolished to build the station, but the banking area has been boosted by the accessibility granted by mass transportation. Operating since 2005, *el tren* comprises sixteen stations along a route that connects the capital city with two other municipalities: Guaynabo and Bayamón.

In 1939 Ferretería Europa, a hardware store, enjoyed a most convenient location in Santurce, facing Avenida Ponce de León and the streetcar line. Santurce's wide sidewalks became popular as San Juan expanded away from the old city. Schools, churches, office buildings, movie houses, department stores, and cafés flourished here. Given all that was happening around it, Ferretería Europa's "railroad station look" seems outmoded even in the late 1930s.

En 1939 la Ferretería Europa gozaba de una ubicación sumamente conveniente en Santurce, al frente de la Avenida Ponce de León y el tranvía. Las aceras amplias de Santurce ganaron popularidad, en tanto San Juan se expandía y alejaba de la vieja ciudad. En esta zona se establecieron colegios, iglesias, edificios de oficinas, salas de cine, tiendas por departamentos, y cafeterías. Teniendo en cuenta que ocurría este desarrollo a su alrededor, la imagen de "estación de tren" de la Ferretería Europa parecía fuera de lugar, incluso para los 1930.

En 1988, después de que un incendio había arrasado con la ferretería, en su lugar se construyó la torre de oficinas Centro Europa. El edificio sólo ostenta tres pisos en su orientación hacia la avenida, pero hacia atrás tiene diez plantas. El diseño del arquitecto Thomas S. Marvel adoptó el estilo postmoderno que tanto influyó en la arquitectura de la década de 1980: una fachada con frontón, columnas simétricas en la entrada y ventanas cuadradas.

Centro Europa, an office tower, was built on the site in 1988, after the hardware store was consumed by fire. Toward the avenue, the building reaches three floors but, behind it, the height increases to ten floors. The design by architect Thomas S. Marvel embraced the postmodern style that permeated architecture in the 1980s: a pedimented facade, symmetrical columns at the entrance, and square windows.

In 1908 architect Antonin Nechodoma designed the First Methodist Episcopal Church at Miramar, Santurce. He had migrated from Prague to Chicago, and reached the island in 1905. Different religious denominations gained footholds in Puerto Rico after 1898, challenging the dominance of the Catholic Church. The neo-Gothic temple by Nechodoma—with a turn-of-the-century hotel for a neighbor—is small, yet full of intricate details: buttresses with caps, gargoyles, and stained glass, among others.

En 1908 el arquitecto Antonin Nechodoma diseñó la primera Iglesia Metodista Episcopal en Miramar, Santurce. Había emigrado de Praga a Chicago y llegó a la isla en 1905. Después de 1898, varias denominaciones religiosas ganaron fuerza en Puerto Rico, desafiando el dominio de la iglesia católica. El templo neogótico de Nechodoma—que tiene por vecino un hotel de principios de siglo—es pequeño, pero abundante en detalles intrincados: contrafuertes con capitales, gárgolas y vitrales, entre otros.

Miramar sobrevive como una atractiva comunidad residencial, pero las calles y el tránsito han logrado acorralar a la iglesia metodista. El templo ha adoptado la denominación católica y ahora allí se venera a Nuestra Señora de Lourdes. La altura de las estructuras aledañas parece encoger su escala. El Hotel Miramar, de ocho pisos, ocupa el espacio donde se encontraban el viejo hotel y el antiguo Teatro Fox (años 1930) operado por Twentieth Century Fox en San Juan, demolido más tarde. El Hotel Las Américas (antiguamente el Hotel Colón) se encuentra un poco más allá.

Miramar has remained an attractive residential community, but streets and traffic have cornered the former Methodist church. Having changed to a Catholic affiliation, it now honors Our Lady of Lourdes. Its scale has been shrunken by the higher structures in the vicinity. The eight-story Hotel Miramar occupies the site of both the old hotel and the former 1930s Teatro Fox, operated by Twentieth Century Fox in San Juan and later demolished. Hotel Las Américas (formerly Columbus's Hotel) sits beyond.

The Isla Verde International Airport in Carolina was inaugurated in 1955. More than 100,000 tourists visited the island each year in the 1950s, and the government wanted to portray Puerto Rico as a true showcase of democracy and progress. The New York firm of Tippetts, Abbett, McCarthy and Stratton acted as architects, with the local firm Toro and Ferrer joining them as consultants. The building was a tour de force, displaying a hotel, pools, fountains, open terraces, and areas landscaped with tropical vegetation.

El Aeropuerto Internacional de Isla Verde, en Carolina, fue inaugurado en 1955. Durante la década de 1950, más de cien mil turistas visitaron la isla cada año; el gobierno deseaba mostrar a Puerto Rico como un verdadero estandarte de la democracia y el progreso. La firma de arquitectura neoyorquina, Tippetts, Abbett, McCarthy and Stratton se encargó del proyecto; los arquitectos Toro y Ferrer participaron como consultores locales. El edificio era espectacular, incluyendo un hotel, estanques, fuentes, terrazas abiertas y jardines prolijos en vegetación tropical.

El aeropuerto ha sido objeto de varias expansiones, siendo rebautizado en 1985 con el nombre de Luis Muñoz Marín, primer gobernador electo de Puerto Rico. Actualmente, presta servicios a más de 10 millones de pasajeros al año, lo que lo convierte en el aeropuerto más concurrido del Caribe. Como lo indica un enorme anuncio, además de un hotel, incluye un casino. Las fuentes han desaparecido para dar paso a una calle amplia de acceso. En su mayoría, los rasgos arquitectónicos más elegantes del aeropuerto han desaparecido para mejorar su capacidad y la navegación.

The airport has expanded several times and was renamed in 1985 after Luis Muñoz Marín, the first governor elected by the people of Puerto Rico. The facility now averages more than 10 million passengers a year, making it the busiest airport in the Caribbean. As an oversized sign informs, facilities now include a hotel and casino. The fountains have made way for an improved access road, and most of the elegant features of the airport have disappeared to improve capacity and navigation.

This photo from the early 1900s shows the New York and Porto Rico Steamship Company's main shipping pier close to the San Antonio Canal of San Juan Harbor. The original $100,000 Quartermaster's Pier was burned down in 1901 in an arson attack. The band of the U.S. Eighth Regiment was playing off the steamer *Ponce*, along with a thousand well-wishers, when the fire caught hold from below and the pier was evacuated.

Esta foto de principios de siglo XX muestra el principal muelle usado por la New York and Porto Rico Steamship Company cerca del canal de San Antonio en el puerto de San Juan. El muelle del Cabo de Mar, valorado en 100,000 dólares, fue destruido en 1901, victima de un incendio causado intencionalmente. La banda del Octavo Regimiento de EE.UU. despedía al buque de vapor *Ponce* junto a unas 1,000 personas cuando se incendió la estructura desde abajo, provocando la evacuación del muelle.

El declive del comercio azucarero de Puerto Rico las perdidas de la segunda guerra mundial y el auge del transporte aéreo contribuyeron al fin de la compañía naviera. Hoy en día el Puerto de San Juan recibe un millón de pasajeros de los cruceros, lo que lo convierte en el segundo puerto de cruceros más importante del hemisferio occidental. Los cruceros de Cunard, Celebrity, Princess, Royal Caribbean y Carnival Cruises visitan regularmente la vieja ciudad, un sitio ideal para recibir a los turistas en virtud de la multitud de atracciones históricas que se encuentran a corta distancia de los principales muelles.

The decline of Puerto Rico's sugar trade, World War II losses, and the rise of air transportation led to the demise of the steamship company. Today San Juan handles around a million cruise passengers a year and is the second-largest cruise port in the Western Hemisphere. Cruise liners from Cunard, Royal Caribbean, Celebrity, Princess, and Carnival Cruises regularly call at the old town, which is ideally suited to receive visitors, with so many historic attractions a small walk away from the main piers.

INDEX

ENGLISH

Adjuntas city hall 100–101
Aguadilla 64–71
Aguadilla railway station 66–67
Amaral, Jesús E. 70
Arecibo 54–57
Ateneo 38
Avenida Ponce de León 38, 39, 42, 43, 136–137
Banco de Ponce 109
Banco Popular de Puerto Rico 33, 109
Barranquitas 126–127
Barriada Riera Miranda 44–45
Barrio de las Flores 25
Barrio Estebanía 93
Bayamón River 13
Blanes, Miguel Esteve 78
Boucher, Blas Silva 114–115, 118
Caguas 132–133
Caleta de las Monjas 34–35
Calle Clara Lair 34
Calle Fortaleza 36
Calle Marina 110–111
Calle Mayor 112–113
Calle Méndez Vigo 76, 80, 82–83
Calle Norzagaray 25
Campos, Pedro Albizu 40
Capitol Building 40–41, 100
Capitol Plaza 27
Caribe Hilton Hotel 47
Carmoega, Rafael 100
Carnegie Library 38
Casa Alcaldía 104–105
Casa Blanca 14, 15, 30–31
Casa de Caminero 92–93
Casa del Rey 56–57
Casa Rosa 14–15
Casas de los bomberos 118–119
Casino de Puerto Rico 26, 37, 38
Cathedral of Saint Philip Apostle 54
Centro Europa 137
Chalet Esteve 78–79
Church of Saint Blaise 128–129
Church of San Antonio 61
Coamo 128–129
Colonial Bank 32–33
Condado 50–51
Condado lagoon 46
Condominio Reina de Castilla 27
Cott, Victor 121
Cuartel de Ballajá 9, 16
Culo Prieto 25
Diego, José de 68, 69
Diplo 36
Edificio Olivier 54, 56–57
El Cañuelo fort 11, 12–13
El Convento 35
El Escambrón 46–47
El Morro 12, 14, 16, 17, 18, 24
El Morro amphitheater 18–19
El Morro Castle 6–7, 12, 14, 15
El Parterre 68–69
Erasto Lugo 135
Estancias de Aragón 115
Esteves, José de Jesús 68, 69
First Methodist Episcopal Church 138–139
Fort Brooke 16–17

Fort San Cristóbal 24–25
Fort San Gerónimo 46
French Theater at Mayagüez 77–78
Galería Paseo Portuario 27
Gandía, Manuel Zeno 122
Gate of San Juan 14, 15
Gate of Santiago 20–21, 38
Goat's Island 13
Graham, Robert 120
Guajataca 58–59
Hacienda Santa Clara 98–99
Hau, Enrique 68
Hernández, Rafael 65
Hormigueros 88–93
Hotel Las Américas 139
Hotel Miramar 138–139
Iglesias, Dr. Manuel de la Pila 114–115
Intercontinental Hotel 124–125
Isabela 60–61
José F. Náter Plaza 52–53
José Julián Acosta School 26
Juan Bianchi houses 84–85
Kilometer 0 21
Labadie Mansion 62–63
La Constancia 122–123
La Fortaleza 28–29
La Française bakery 42–43
Laguerre, Enrique 63
La Perla 22–3
Lares 130–131
Las Delicias Plaza 102–103
Las Nereidas Condominium 47
Luis Muñoz Marín International Airport 140–141
Luis Muñoz Rivera Plaza 54–55
Luis Ramos González School 132–133
Manso, Alonso 34
Manuel Corchado y Juarbe Plaza 60–61
Marciani, Domingo 98
Marciani, José 90
Marín, Luis Muñoz 28, 127, 141
Márquez residence 90–91
Marvel, Thomas S. 137
Mateo Fajardo residence 80–81
Mayagüez 74–87
Mayoral, Joaquín 120
Meana, Máximo 106
Miramar 138–139
Miró, Vicente 129
Moca 62–63
National Art Gallery 17
New Millennium Park 47
Normandie Hotel 47
Old San Juan 10, 21, 32, 39
Our Lady of Guadalupe Cathedral 107
Parque Abolición 120–121
Parque de Bombas 106–107
Paseo Borínquen 50–51
Paseo Caribe 47
Perocier, Luis 75, 84, 85
Pine Alley 8–9
Plaza Colón 36
Plaza de la Revolución 130–131
Plaza Mariano Quiñones 94–95
Ponce 102–125
Ponce de León, Juan 30, 34
Porta Coeli 96–97
Puerta de Tierra 38–47

Rafael Hernández Plaza 64–65
Ramey Air Force Base 70–71
Rincón lighthouse 72–73
Rivera, Alejandro Tapia y 37
Rivera, Luis Muñoz 40, 55, 127
San Germán 94–97
San José Church 17
San Juan 6–11, 14–37, 136–137, 142–143
San Juan Bay 13
San Juan Cathedral 34
San Juan Islet 10
Santo Domingo Convent 16, 17
Santurce 48–49
School of Visual Arts 9
Servajean, Paul 62
Teatro Fox 139
Teatro Olivier 56, 57
Teatro Tapia 26, 36–37
Toa Baja 12–13
Treasury Department building 27
United Evangelical Church 111
Valdés Castle 86–87
Valenciano River 134–135
Vanderbilt Hotel 46
Vega Baja 52–53
Wiechers, Alfredo 112, 113
Wirshing-Sastre residence 116–117
Woolworth, Robert Frederic 35
Yauco 98–99
YMCA (Mayagüez) 76–77
YMCA (Puerta de Tierra) 38–39

ESPAÑOL

Adjuntas, Ayuntamiento de 100–101
Aerpuerto Internacional de Luis Muñoz Marín 140–141
Aguadilla 64–71
Aguadilla estación de tren 66–67
Amaral, Jesús E. 70
Arecibo 54–57
Ateneo 38
Avenida de Pinos, Una 8–9
Avenida Ponce de León 38, 39, 42, 43, 136–137
Banco de Ponce 109
Banco Popular de Puerto Rico 33, 109
Barranquitas 126–127
Barriada Riera Miranda 44–45
Barrio de las Flores 25
Barrio Estebanía 93
Base Aérea Ramey 70–71
Bateria del Escambrón 46–47
Blanes, Miguel Esteve 78
Boucher, Blas Silva 114–115, 118
Caguas 132–133
Caleta de las Monjas 34–35
Calle Clara Lair 34
Calle Fortaleza 36
Calle Marina 110–111
Calle Mayor 112–113
Calle Méndez Vigo 76, 80, 82–83
Calle Norzagaray 25
Campos, Pedro Albizu 40
Capitolio de Puerto Rico 40–41, 100
Capitol Plaza 27
Carmoega, Rafael 100
Casa Alcaldía 104–105

Casa Blanca 14, 15, 30–31
Casa de Caminero 92–93
Casa del Rey 56–57
Casa Rosa 14–15
Casas de los bomberos 118–119
Casino de Puerto Rico 26, 37, 38
Castillo de los Valdés 86–87
Catedral de Nuestra Señora de Guadalupe 107
Catedral de San Juan 34
Catedral San Felipe Apóstol 54
Centro Europa 137
Chalet Esteve 78–79
Coamo 128–129
Condado 50–51
Condominio Las Nereidas 47
Condominio Reina de Castilla 27
Convento de Santo Domingo 16, 17
Cott, Victor 121
Cuartel de Ballajá 9, 16
Culo Prieto 25
Departamento de Hacienda estacionamiento 27
Diego, José de 68, 69
Diplo 36
Edificio Olivier 54, 56–57
El Banco Colonial 32–33
El Convento 35
El Faro de Rincón 72–73
El Fuerte del Morro 6–7, 12, 14, 15
El Morro 12, 14, 16, 17, 18, 24
El Morro anfiteatro 18–19
El Parterre 68–69
Erasto Lugo 135
Escuelo José Julián Acosta 26
Estados Unidos 17
Estancias de Aragón 115
Esteves, José de Jesús 68, 69
Fort Brooke 16–17
Fuerte de San Gerónimo 46
Fuerte El Cañuelo 11, 12–13
Fuerte San Cristóbal 24–25, 26–27
Galería Arte Nacional 17
Galería Paseo Portuario 27
Gandía, Manuel Zeno 122
Graham, Robert 120
Guajataca 58–59
Hacienda Santa Clara 98–99
Hau, Enrique 68
Hernández, Rafael 65
Hormigueros 88–93
Hotel Caribe Hilton 47
Hotel Intercontinental 124–125
Hotel Las Américas 139
Hotel Miramar 138–139
Hotel Normandie 47
Hotel Vanderbilt 46
Iglesia de San Blás 128–129
Iglesia Evangélica Unida 111
Iglesias, Dr. Manuel de la Pila 114–115
Isabela 60–61
Isla de Cabras 13
Islote de San Juan 10
José F. Náter Plaza 52–53
Juan Bianchi casas 84–85
Kilómetro 0 21
La Bahía de San Juan 13
La Biblioteca Carnegie 38

La Constancia 122–123
La Escuela de Artes Visuales 9
La Fortaleza 28–29
La Française panadería 43–44
Laguerre, Enrique 63
Laguna del Condado 46
La Mansión Labadie 62–63
La Perla 22–23
Lares 130–131
Las Delicias Plaza 102–103
Luis Muñoz Rivera Plaza 54–55
Luis Ramos González Escuela 132–133
Manso, Alonso 34
Manuel Corchado y Juarbe Plaza 60–61
Marciani, Domingo 98
Marciani, José 90
Marín, Luis Muñoz 28, 127, 141
Marvel, Thomas S. 137
Mateo Fajardo residencia 80–81
Mayagüez 74–87
Mayoral, Joaquín 120
Meana, Máximo 106
Miramar 138–139
Miró, Vicente 129
Moca 62–63
New Millennium Park 47
Parque Abolición 120–121
Parque de Bombas 106–107
Paseo Borínquen 50–51
Paseo Caribe 47
Perocier, Luis 75, 84, 85
Plaza Colón 36
Plaza de la Revolución 130–131
Plaza Mariano Quiñones 94–95
Ponce 102–125
Ponce de León, Juan 30, 34
Porta Coeli 96–97
Primera Iglesia Metodista Episcopal 138–139
Puerta de San Juan 14, 15
Puerta de Santiago 20–21, 38
Puerta de Tierra 38–47
Rafael Hernández Plaza 64–65
Residencia Márquez 90–91
Río Bayamó 13
Río Valenciano 134–135
Rivera, Alejandro Tapia y 37
Rivera, Luis Muñoz 40, 55, 127
San Antonio iglesia 61
San Germán 94–97
San Juan 6–11, 14–37, 136–137, 142–143
Santurce 48–49
Servajean, Paul 62
Teatro Fox 139
Teatro Francés de Mayagüez 76–77
Teatro Olivier 56, 57
Teatro Tapia 26, 36–37
Toa Baja 12–13
Vega Baja 52–53
Viejo San Juan 10, 21, 32, 39
Wiechers, Alfredo 112, 113
Wirshing-Sastre casa 116–117
Woolworth, Robert Frederic 35
Yauco 98–99
YMCA (Mayagüez) 76–77
YMCA (Puerta de Tierra) 38–39